亜東経済国際学会研究叢書㉒
亜東経済国際学会創立 30 周年記念論文集

東アジアの社会・観光・経営

原口俊道　監修

國﨑 歩・孫 愛淑・王 新然 編著

五絃舎

序　文

　1988 年の夏に大牟田市のホテルに有志が集い，日本と台湾において同じ名称の国際学会を同時に設立する提案がなされた。早 30 年が経過し，発起人であった藤田宣隆教授と劉成基博士は既に他界された。30 年の学会の歴史を回顧すると，中国で研究叢書等を 13 冊出版した際には，出版社との交渉や校正等の業務で中国の俞进先生に大変なご苦労をおかけした。俞进先生の長年のご貢献に対して，深く感謝の意を表する次第である。

　亜東経済国際学会は，1989 年に東アジアの経済経営の研究者・実務家によって結成された。爾来東アジアの大学・学会と共催して 58 回（日本 17 回，中国大陸 24 回，台湾 11 回，韓国 5 回，香港 1 回）の国際学術会議を共同開催し，その研究成果を取り纏めて東アジアの有名出版社から下記の如く 23 冊の研究叢書等を出版し，東アジアの経済経営の研究者・実務家に対して一定程度の影響を及ぼしてきた（詳しくは巻末の「亜東経済国際学会の概要」を参照されたい）。また，亜東経済国際学会は 30 年間で 2,000 名以上の若い研究者に研究発表の機会と査読論文集への投稿機会を提供し，論文掲載者の多くが博士学位を取得し，現在日本，台湾，中国大陸等で大学教員や研究員として活躍されている。この学会は特に若い研究者を育成する上で，大きな役割を果たしてきたように思われる。

　第 1 巻　　1992 年『企業経営の国際化』（日本・ぎょうせい）
　第 2 巻　　1994 年『東亜企業経営（中文）』（中国・復旦大学出版社）
　　　　　　1995 年『東アジアの企業経営（上）』（中国・上海訳文出版社）
　　　　　　1995 年『東アジアの企業経営（下）』（中国・上海訳文出版社）

制）』（台湾・昱網科技股份有限公司出版）

第 19 巻　2017 年『アジアの産業と企業（日文・英文）（査読制）』（日本・
　　　　　五絃舎）

第 20 巻　2017 年『東亜産業発展與企業管理（中文・英文・日文）（査読制）』
　　　　　（台湾・昱網科技股份有限公司出版）

第 21 巻　2019 年『東アジアの観光・消費者・企業（日文・英文）（査読制）』
　　　　　（日本・五絃舎）

　本書は「亜東経済国際学会創立 30 周年記念論文集」として出版が企画され
たもので，亜東経済国際学会研究叢書（査読付き）の第 22 巻にあたる。現在，
東アジアの国々は社会の面だけでなく，産業や企業の面でも共通した課題を数
多く抱えている。特に産業の中でも観光は東アジアの国々の経済発展に及ぼす
影響が日増しに大きくなってきている。東アジアの国々は経済発展を図る上で
観光をもっと重視する必要がある。

　このような問題意識の下で，亜東経済国際学会は国内外の学術機関・団体と
協力して第 55 回「東アジアの社会・産業・企業発展政策」国際学術会議を，
2019 年 7 月 20 日（土）東京都渋谷区の日本経済大学大学院で開催した。第 55
回国際学術会議は日本経済大学大学院政策科学研究所，グローバル地域研究会，
東北亜福祉経済共同體フォーラムなど，9 つの機関による共同開催となった。

　本書は東アジアの会員諸氏が，第 55 回東アジアの社会・産業・企業発展政
策国際学術会議において研究発表した論文に対して，国内外の大学院博士指導
教授クラスの研究者による厳格な査読審査を行い，最終的に査読審査に合格し
た論文を収録したものである。

　本書は序章と 2 編 16 章から構成される。序章は俞 进先生・原口の共同研究
の成果とも言うべき「孔子の管理思想」である。

　第 1 編は「東アジアの社会・観光・経営等」に関する 10 篇の日本語論文か
ら構成される。第 1 編では，「市民憲章を基盤とした NPO 活動連携と SDGs パー
トナーシップ（第 1 章）」，「沖縄教職員会の民立法運動と米軍統治への抵抗（第

2章)」,「観光客のライフスタイルとバリアフリーへのイメージ（第3章)」,「教公二法案をめぐる沖縄教職員会と民主党の攻防（第4章)」,「日本人観光消費者のライフスタイルとサービスの差別化への知覚の関連性（第5章)」,「中国瀋陽における観光消費者購買行動への影響要因（第6章)」,「観光系学科から観光関連産業への就職の課題（第7章)」,「Airbnb の CSV の試み（第8章)」,「日本における子供服衣料品に対するブランド認知への影響要因（第9章)」,「鹿児島における中小企業のデザインマネジメント（第10章)」などを取り上げ,考察している。

第2編は「東アジアの社会・観光・経営等」に関する6篇の英語論文から構成されている。第2編では,「Study on the Problem and Countermeasure of Population Aging in China（Chapter11)」,「Analysis and Countermeasures Research on the Job Burnout of the Young University Teachers in Liaoning province（Chapter12)」,「Research on the Relevance of Service Perception Quality and consumer Satisfaction（Chapter13)」,「An Analysis of the Factors that Influence Japanese Travelers' Purchase Behavior（Chapter14)」,「Research on the Effect of Designability for Eco Purchase Attitudes（Chapter15)」,「A Study on the Chinese Consumers' Purchase Intention on Luxury Products Within the UK Market（Chapter16)」などを取り上げ,考察している。

本書を出版するにあたり,五絃舎代表取締役である長谷雅春氏から数々の貴重なアドバイスをいただいた。本書は「東アジアの社会・観光・経営等」を主に論じた研究書である。本書が広く江湖に受け容れられることを期待する次第である。

監修者　原口俊道

編　者　國﨑歩　孫愛淑　王新然

2020 年 7 月 3 日

目　次

第1編　東アジアの社会・観光・経営

第2編　東アジアの社会・観光・経営（英語論文）

Chapter 11　Study on the Problem and Countermeasure of Population Aging in China —————— *175*

Chapter 16 A Study on the Chinese Consumers' Purchase Intention on Luxury Products Within the UK Market —————————237

東アジアの社会・観光・経営

（原著論文翻訳）

序章　孔子の管理思想※

【要旨】

　孔子は中国の歴史上で著名な思想家・教育家・儒教の創始者である。天下大同の政治理念を実現するため，孔子は仁政の推進，徳治の実行などの行政管理思想を提起した。孔子の徳治主義は，まず仁義で国を治める。自国が強くて繁栄すれば，近隣諸国の多くの人々がその支配下に入ってくる。次に，富民政治を実施し，民衆に恩恵をもたらす政策を実行すれば，人々は経済的に豊かになる。それから，教民政治を推進し，人々に道徳，礼儀，技能などの教育を受けさせれば，人々は文明的な国民になる。「庶・富・教」は孔子が提起したところの国家の協調的発展を管理する際の総綱領である。孔子の行政管理思想の偉大なところは，彼が人を基本とすることによって社会の共同発展を図るという思想を提起したところにある。

　孔子の経済管理思想の知恵は次の幾つかの側面から理解することができる。「仁」を中核として経済管理思想を確立し，「義」を規範として経済管理手段として使用し，「礼」を約束して経済管理体制を確立し，「智」を根拠として経済管理戦略を確立し，「信」を基本として経済管理原則を遵守し，「学」を動力として経済管理戦略を制定し，「徳」を特徴として経済管理の雰囲気を形成する。孔子の経済管理の三つの基本原則は，第一に厳格に真面目に事を処理し，かつ信用を守る。第二は財政支出を削減し，かつ地方の役人を大事にする。第三は用役には民衆を使い，かつ農期には邪魔をしない。

　現在，この世界で進んでいる現代化は生産の国際化が生産の現地化に取って代わる過程であり，また新制度が旧制度を置き換える過程である。どのように現代の市場経済発展に符合する新制度を建設するかに対して，またどのように

この新制度を執行するかに対して，孔子の管理思想は私たちに多くの啓発を与えてくれる。

【キーワード】：仁政，仁義，仁愛，依礼，恵民

1. はじめに

　孔子 (紀元前 551 〜 前 479 年) は中国の歴史上で著名な思想家であり，教育家，儒学派の創始者である。名は丘，字は仲尼である。春秋末期の魯国 (現山東曲阜) 人であった。孔子の先祖は宋国の貴族であり，殷商の後代に属する。曾祖父は魯国に逃難し，父親の叔梁紇は武士で，陬巴の宰相となったことがあり，地方の小官吏であった。孔子は 3 歳で父を亡くし，15 歳で母を亡くし，若年時は貧困な生活を過ごし，地位は卑賤であった。但し，彼は 15 歳で立志し奮発自学し，何年か後は博識好学で有名になった。孔子は 30 歳で私学を創設し学徒を集め講学を開始した。47 歳で『詩』，『書』，『礼』，『楽』を編纂し，51 歳で中都の宰相（中都県知事）に任命され，52 歳で小司空に任命され，後に大司寇に昇進した。54 歳で魯国を離れ，14 年間の列国周游を開始し，68 歳で魯国に戻り文献の整理と教育事業に専心し，『春秋』の修編を開始し，71 歳で『春秋』の修編を停止した。

　孔子は春秋後期に生活していた。当時は小農生産方式の発展に伴い，旧時代の上層構築と意識形態が大きく転倒する状況が出現していた。しかし，小農生産方式に相適応する新しい上層構築と意識形態はまだ確立されておらず，社会は極度な無秩序状態であった。この社会の秩序を再構築するために，孔子は“仁義”を以って社会制度（礼）の文化を制定する基礎とし，この制度（礼）を以って人心を掌握し，そして社会資源の有限性と人類の欲望の無限性との間の矛盾を解決することを提案した。同時に，社会の各利益団体がともに普遍的に満足できる制度を構築し，統治者と被統治者の間，社会の各階層の間，伝統と当代

の間のいろいろな矛盾を解決する理論基礎を設計しようと希望した。孔子の主要な思想は『論語』⁽¹⁾，『大学』⁽²⁾，『中庸』⁽³⁾などの書物の中に収録され，これらはすべて孔子およびその弟子たちの言行の記録であり，儒教にとって重要な経典的論著であり，また後代の人が孔子の生活およびその思想を研究する際の重要な資料となった。

　中国の歴史学者司馬遷は『史記・孔子世家』の中で孔子に対してつぎのように評価した。"孔子布衣，伝十余世，学者宗之。自天子王侯，中国言六芸者折中于夫子，可謂至聖矣（孔子は平民でありながら，十何代に伝承され，学者の宗家である。上は天子王侯から中国の六芸者にいたるまで孔子に傾倒し，至聖というべきであろう。）"。これは，孔子が一介の平民であるといえども，彼の思想が幾百世代にも伝承され，学者として尊敬を受けたのも，中国において上層階級から下層にいたるまで六芸を教授し，伝授するのに，すべて孔子の学説を是非の判断基準にしたためであり，ゆえに彼は中国歴史上で至高無上の聖人であるといえると説明している。

　どのような思想も学説もともに一定の時代の産物であり，人類の思想の発展は実質的には一つの人類の現有の思想を不断に吸収し，豊富にし，完全なものにし，開拓発展させるプロセスである。孔子の思想は当時彼が直面したその時代の数多くの問題に対して思考を進めた結果であり，その時代の社会的矛盾を解決するために提出した自己の思想・主張・理論・学説である。ゆえに孔子の思想もまたその自己の時代性と制約性を免れず，我々が孔子の思想を学び取るとき一方でその精華を吸収し，その粕は捨て去り，他方で孔子思想の時代性と歴史的制約性に注意すると同時に，さらにその中に含まれる超時代的な，普遍的価値を具備した部分に充分に注意すべきである。

　孔子の思想はなぜ二千余年の長い中国歴史の中で，歴代の統治者に受け入れられたのみならず，さらに被統治階層にも信奉されたのか？　それは孔子の思想体系の中には，少数の個人と社会の行為規範を除きその他の大多数は，ともに直接的，あるいは間接的に"為政"もしくは国家を治理することに関する準則があるからである。孔子が人類の社会生活における道徳規範の研究を重視し

たのは，正に孔子の思想と人類の社会生活との間に密切な関連があるからである。こうした特徴があるために孔子の思想は長期的に，そして広範に社会の各階層に受け入れられたのである。最も重要なことは孔子が提出した一連の道徳規範が階級社会の中では統治階級の長期的統治に有利であったことであり，また被統治階級の実際的利益を害することがなかったことである。

孔子によって創設された儒教の文化思想は，長期に亘る潜伏と無視の期間を経て人類の観念，行為，習俗，信仰，思維方式，情感状態などに対して影響を及ぼしてきた。人間が意識的，あるいは無意識的に各種の関係や，事物・生活を処理する基本原則・行動規範にも影響を与え，民族のある種の共同的な性格の特徴を構成し，かつ我々の人生の価値観の形成を左右するほど重大な作用を及ぼした。この思想モデルはすでに一種の歴史と現実の文化構造に転化し，孔子の思想は多くの東洋諸国の政治，経済，文化，伝統，社会風土および庶民の心理的素質に深刻な影響を与えた。

2. 仁政徳治の行政管理思想

春秋時代，諸侯間で頻繁に戦争が爆発した主な原因は，各諸侯が皆各自で為政を行った結果であり，彼らは周天子の権威を無視し，不断に併合し，相互に討伐したために，社会が混乱に陥り，民衆に無限の災難をもたらした。孔子はこの状態を改めるには，周天子の絶対的権威を確立し，大統一の局面を回復しなければならないと考えた。社会的管理コストを軽減するために，孔子は大大的に中庸の道を提唱し，君臣父子が共に規定された礼節を遵守することと各自の職責を堅持することを要求した。その方法は文武の道を採用したが，教化（教育）を主とした。教育の目的は民衆の自律能力を向上させ，これによって社会大衆が国家行政機構に依存することを少なくすることによって，国家行政機構の業務遂行の効率を向上させることである。そして天下大同（天下は皆平等である）の政治的理想を実現させるために，孔子は天子を尊重すること，仁政を推奨し，徳治を実行することなどの一連の行政管理思想を提出した。

(1) 民衆に道徳教育を施す

　国家の行政管理はある視点からいうと，各階層間の矛盾を調整する仕事であり，最も基本的なことは人と人の間の矛盾を調整することである。かくして人間関係の調整で最も重要なことは民衆の道徳自覚を啓発することであり，これによって道徳自律に到達することである。徳治による国家治理の目標を実現するためには，民衆の道徳教育を拡大しなければならず，孔子はこれを国家行政管理の核心的任務であるとみなした。道徳教育の狙いは人々に仁愛の心を育成し，人間性を昇華させることである。これは人としての起点であり，また管理活動を進める起点でもある。仁愛の心——羞恥心（しゅうちしん）——道徳自律，これは一つの内在的なロジックに関連した連鎖であり，仁愛の心が起点である。孔子はなぜ"仁愛"をその管理思想の核心となしたのであろうか。孔子は"道之以政，斉之以刑，民免而無恥；道之以徳，斉之以礼，有恥且格（之を導くに政（まつりごと）を以ってし，之を斉（ととの）うるに刑を以ってすれば，民免れて羞恥心無し。之を導くに徳を以ってし，之を斉うるに礼を以ってすれば，羞恥心有りて且つ格（かた）る）"（『論語・為政第二』）と主張した。すなわち政治の方法を用いて民衆を導けば，刑罰を用いることを約束し彼らを懲罰すれば，民衆はただ法を犯したために懲罰を受け，内心では悔い改める心は無くなる。もし徳政を用いて民衆を教化し，礼教を用いて彼らを導けば，民衆は羞恥心が有るばかりでなく，かくして自己約束ができるようになる。仁愛の思想を以って国家を管理し，社会の制度と体系の秩序を以ってすれば思想や道徳において根本的な保障が得られ，社会上では調和が形成され，毅然とした秩序のある効果的な管理が行える。孔子の"仁愛"思想は民衆の道徳自律を向上させるための思想基礎であり，そして統治者が必ず具備しなければならない基本的な道徳素質である。仁とは何か。孔子は天下で自重，寛厚，誠信，勤勉，慈慧など五種の品徳を実行することが仁であると考えた。仁とは，人々に社会活動の中で言行挙止の自重をさせること，人に対して寛大に対処すること，人事の交流は誠信を極めること，話や仕事はあっさりと伶俐（りこう）であること，社会に対しては貢献して報いを求めないこと，などである。

(2) 民衆に仁政寛恕を施す

　孔子は施政方面で仁政徳治と敬徳保民を主張した。仁政とは仁を有する者は人を愛し，民衆に寛容の政策を採り，徳治は道徳を用いて国家を治理し，民衆に礼教を常識として知らしめることである。敬徳の内容には，孝順を提唱し，勤労と教育を主眼とし，無礼，懶散_{らんさん}，暴行などを禁止し，保民や井田制を実行する他に，民衆に耕作できる田畑を保有することを保証し，さらに税賦を軽減し，徭役を軽くし，これを以って民衆の負担を軽減し，施しを厚くし，刑法を省き，以って民衆に対する統制を減少させる，などの内容が含まれる。孔子は刑罰を通し人々に畏惧の心理を起こさせ，これによって統治者が期待している管理効果が上がるとは主張していない。それよりも礼楽の教化と統治者自身の修養によって人々を感化し，人々が行為の善悪の認識を自覚することを期待した。孔子は仁政徳治を重要な政治理念となし，社会の各利益集団間の調節剤，粘着剤と成し，仁政徳治が社会の正常な営みの維持になくてはならない代替的作用を及ぼすとした。孔子の行政管理思想によれば，国家の管理者は民衆に関心をもち愛護する人でなければならず，それには仁政を用いて苛政に取って代わらなければならない。もっぱら仁，礼，孝を以って国家を治理し，民衆を教化することによってのみ，自己の国家をさらに強盛にし，自己の国家を強盛にすることによってのみ，国力は揺るがないものとなり，かくして周囲の国家の民衆は仁義を以って治国をするという美しい前景を見て，自然に帰属するようになる。

(3) 富裕を施し民を安定させる

　《論語・子路第十三》の中に，孔子と弟子冉有_{ぜんゆう}のある談話に孔子の政治主張がある。孔子が衛国に行き，冉有は彼のために馬車を御していた時，衛国の人口の多いのを見て，孔子は"庶矣哉（蔗_{おお}き哉_{かな}）！"と述べた。冉有は人が多ければどうしますかと聞いた。孔子は"富之（之れを富まさん）"と答えた。冉有はさらに，富裕になったらどうしますかと聞いた。孔子は"教之(之れを教えん)"と答えた。これによっても，孔子が徳政を富民政策の始めとし，一連の恵民的

経済政策，例えば国家が民力を使用することを規制し，農時にじゃまをせず，租税の徴収を重くしない，などを実行すれば，民衆は次第に経済的に富裕になる。その次に教民政策，すなわち民衆に道徳を受けさせ，礼儀と技能の面で教育をするなどの政策を採れば，民衆は良好な社会的公徳心を具備した文明的な国民になるということである。

　社会文明の進歩に伴い，人の素質と能力は多くの場合，その受けた文化教育水準に左右される。しかし，教育の発展にはまた経済的繁栄の基礎が必要であり，安心して教育を受けられるか否かは人々の生活状況によって決められる。正に人々は常に，国富めばすなわち民安んじ，民富めば国安んじるということである。国家の安定はただ民衆の富裕と安康（あんこう）の基礎の上に建立が可能であると説く。

(4) 精神楽園を民に施す

　孔子は国家の行政管理の主要な活動は統治者が被統治者を管理することではなく，国家政権の取得と維持でもなく，行政機構の組織と運営でもなく，民衆の人間性を合理的に発展させ，民衆を満足させることにあると主張した。人が他の物種と違う点は，人には思想があり精神生活があることである。中国の伝統文化の特殊な価値は，先ず精神を超越した内在的なものを具備していること，またいわゆる超越とは現実上の価値根源と価値目標に基づいていることにある。その次に道徳の理想主義精神を具備していることにある。仁心至善（じんしん　し　ぜん）は普遍的な社会の法則であり，人の精神生活が豊富であるか否かが彼の価値，幸福感および生活の質を決定する。一つの財富分配が合理的になされ，清廉な政治が行われ，人と人の間が友好的であり，人と自然が調和し共存するような社会は，まさに民衆の安身立命（あんしんりつめい）を拡大させる家園であり，また一つの心の美しい家園である。国家の統治者がもし国泰民安を長く維持することを期待するならば，制度上で民衆に一つの文化的精神生活の豊富な空間を提供しなければならず，これによって人々の精神面のニーズは満足させられる。

　社会制度と政治制度の方面で，孔子を代表する儒教が道教，法家，農家など

と異なる点は，無階級や無国家の理想の維持・保護をせず，また純粋な地域国家の主張も支持せず，かくして家族組織と政権組織の統一や，宗法階級の維持などを堅持した。孔子の行政管理思想の特徴は"仁政"の二字であり，これは仁愛の人生哲学思想から出発したもので，人本思想をその行政管理思想に活用した。すなわち被管理者を理智が有るものと見なし，感情が有り，独立した人格と自尊心を有する対象と見なし，管理者のすべての管理行為の根本はみな人本であると見なした。孔子の仁愛を核心とする行政管理思想体系の中で，最高の表現形式は中庸である。中庸の道は一種の無為との折衷や調和ではなく，これは事物に対して慎重に選択を行うという一種の視点である。それは人々に不断に調整を要求し，調整のなかから矛盾を解決する最適な時機と最良の方法を見つけることである。"中"は適度な，偏差の無いことである。これは一種の原則であり，立身し物事を行うに不偏不倚（公正中立）の態度で臨むことである。"庸"は一貫性と安定性を重視する一種の方式で，無過無不及の行為である。実際的な中庸は，物事を処理する時に最適に適宜に注意し，同時に一貫性と安定性を維持し，前後不一致を避けることである。孔子は中庸を一種の最高の精神的境地とみなし，彼は次のように説いた。「君子依乎中庸，遁世不見知而不悔，唯聖者能之（君子は中庸に依る。世を遁れて知られずして悔いざるは，唯だ聖者のみ之を能くす。）」「故君子尊徳性而道問学，致拡大而尽精微，極高明而道中庸（故に君子は徳性を尊んで問学に道り，拡大を致して精微を尽くし，高明を極めて中庸に道る。）」（『礼記・中庸』[(4)]）。各種の社会的活動はすべてバランスと協調が必要である。例えば，経済上の収支バランス，市場上の需給のバランス，生活上の労逸結合（仕事と休息の調和を計ること）などである。孔子の中庸思想は中国の長い歴史の段階で，各種の社会的活動の企画を制定し管理を進める際の基本原則となり，有効な国家行政管理機構の組織と仕事を確立する重要な原則の一つとなった。

　子張の如何に政治に従事するかという問題に対して，孔子はある人がもし政治に従事しようと考えた時，"尊五美，屏四悪，斯可以从政矣（五美を尊び，四悪を屏くれば，斯れ以って政に従うべし）"（《論語・堯曰第二十》）ということを必ず実行しなければならないと回答した。中庸の五種の美徳を具備することは，

"君子恵而不費，労而不怨，欲而不貪，泰而不驕，威而不猛（君子は恵して費さず，労して怨まず，欲して貪らず，泰にして驕らず，威あって猛からず）"（《論語・堯曰第二十》）である。すなわち恩恵を広く施すが金銭を費やさず，労して怨まず，仁義を施すことを欲するが貪欲で奢侈も求めず，地位は安泰であるが傲慢や横暴でない，言行は威厳があっても強硬凶猛でない，ということである。子路が孔子に治国の道を質問した時，孔子は為政者は率先垂範で，自ずから範を示し，そして民衆の共同努力を激励することであり，"其身正，不令而行；其身不正，雖令，不従（其の身正しければ，令せずして行わる，其の身正しからざれば，令すと雖ども，従わず）"（《論語・子路第十三》）と回答した。孔子の考え方によれば，事業の成功は一蹴で成すことは不可能であり，必ず一つの道徳基礎がなくてはならない。先ず個人の"修身"から開始し，個人の道徳の品質などの修養は従政の必要条件である。そして，"修己を以って安人"となり，"安人"を"斉家"の根拠とし，最後に安邦，治国，平天下に拡大する。

　孔子は礼の作用で，人と社会の和諧（調和）を促すことが最も貴いと考えた。国家を治理することが，もしただ和諧のための和諧であるならば，礼を用いて調節しなければならない。

　斉景公が孔子に如何に為政すべきかを問うたとき，孔子は"君君，臣臣，父父，子子（君君たらず，臣臣たらず，父父たらず，子子たらず）"（《論語・顔淵第十二》）と回答した。すなわち一つの国家には必ず制度が有り，君主には君主の標準が有り，臣子，父親，子女も共に各自の標準が有る。もし一つの国家の為政者が欲しいがままにすれば，それは上梁不正，下梁必歪になり，一つの家庭の中の父母が「体」をなさねば，子女達に社会規範を遵守するように要求することはできない。もし，一国家の政治気風と社会気風が不正であれば，すなわち一時的に国強く民富んでも，最終的には国弱民貧に陥り，滅亡に向かうであろうということである。

　古今の社会条件と制度は異なる。しかし，為政の道は同じであり，管理社会の秩序の核心は変化していない。統治者として必ず身を正し真っ直ぐに行かねばならず，事物は公平を採らなければならず，一つの国家の治理が清廉である

か否かで，国家行政機構の各階層で制定される道徳規範も大きく左右される。各階層の管理者は廉正勤政で，遵紀守法であれば，民衆の疾苦に関心をもつだけで，国家の政治は清廉になり，社会は和諧になる。

　一つの不平等な階層社会の中で，思想や行為に対する価値を決定するのはどうしても権力と地位の高い人である。特に専制統治の国家では，君主の言行が揺るぎない最高の准則となっている。孔子は統治者が率先垂範し，修身立徳に加え賢良を任用し，百官が善政を執行すれば，国家のすべての重要な問題も自然に解決され，民衆はみな良民になると説いた。民衆の行為は統治者の願望の現れであるためで，これは上が行い下が倣（なら）う結果である。

3.　礼に依る恵民の経済管理思想

　いわゆる経済管理とは，国家の統治者が絶えず社会経済システムの効果を高めることであり，そして民衆が物質生活をおくるのに必要な計画，組織，指揮，調節，指導などの一連の活動を提供することである。当時の歴史的環境下で，孔子は社会の分業や協力，共同労働の実現を見た。孔子の経済管理思想は利潤追求を目的とする西洋の経済管理思想とは異なり，彼が表現しているところの礼（社会制度）に依る恵民（民衆に恩恵を与えること）は社会安定を求めるものである。孔子は統治者が一定の社会的礼制を根拠に民衆に利益獲得の機会を与えることによって，充分な理由で民衆を使役できると主張した。孔子はもっぱら民衆を激発し労働の積極性と聡明さ・才智を拡大させることによって，社会の経済発展を促進させ，社会を安定させ和諧（調和）に到達させること，および民衆の安定富裕が最終目的であることを主張した。市場競争が日益しに激烈になる今日では，ますます多くの人達が，孔子の思想と現代の経済管理との間に非常に密切な内在的関連があることのみならず，かくしてまた孔子の思想には市場経済の実践中にも非常に重要な指導的作用があると意識し始めている。

　孔子の経済管理思想の智慧は次の幾つかの面から理解できる。"仁"を以って核心とする経済管理思想の樹立，"義"を以って規範とする経済管理手段の

運用，“礼”を以って約束する経済管理体制の構築，“智”を以って依据とする経済管理戦略の確立，“信”を以って根本とする経済管理原則の遵守，“学”を以って動力とする経済管理戦略の制定，“徳”を以って特徴とする経済管理雰囲気の醸成，などがこれである。孔子の経済管理思想の三つの基本原則は，一つに真面目に仕事をして信用を遵守すること，二つは国家財政の支出を節約し地方の利益を維持すること，三つは民衆を使役する場合には農時を避けることである。

　孔子は如何にして経済的手段を用いて管理を行うかという問題に対しては，一定の礼制に依って異なる社会階層に対しては，区別して処遇することを主張した。彼は“君子喩於義, 小人喩於利（君子は義に喩り, 小人は利に喩る）”（《論語・里仁第四》）と説いた。これは，社会の上層の人達は資産が多いが，さらに道徳や精神の面の追求を向上させなければならず，かくして社会の下層の人達は資産が少ないゆえ物質的利益を重く見るということである。このことは社会の下層の民衆に対して管理を進める時は，統治者はこと更に“恵”と“利”の作用を重視しなければならないことを意味している。これは孔子が経済管理の中で，経済的手段及び経済的手段を使用する範囲を重視する必要があるという理論的根拠となっている。孔子の義利観は，先ず人類の物質財富の獲得欲求を肯定し，財富の喪失は怨恨をかう。しかし，人々がどの方式で財富を獲得するかという問題はまったく異なるものである。孔子は“富而可求也, 雖執鞭之士, 吾亦為之。如不可求, 從吾所好（富みにして求む可くんば, 執鞭の士と雖も, 吾れ亦た之れを為さん。如し求む可からずんば, 吾が好む所に従わん）”（《論語・述而第七》）と説いた。民衆に対して人は“以義為利”と戒める。その意味するところ人間の言行はただ義の要求に符合してはじめて利が生ずるということである。得られるべきものは道徳に合った方法で獲得したものでなければならず，道徳的原則を失って財富を得るべきでなく，倫理道徳に合った“義利”を人間の経済活動と財富分配の最高基準であるとした。これは一面では当時の社会的条件下で人々に社会の財富獲得に対して公徳を要求することを反映しており，また他面では人々に正当な利益が侵害を受けないことを説明している。

孔子の提出した義利観は，経済活動と倫理道徳との間の関係問題を説いたもので，これは人類の社会発展の各段階に長く存在していたもので，この両者は対立するものではない。上層に対しては義を説き，統治者の私利の企み（たくら）を制限し，これによって長治久安（長期の統治と安定）の大利が得られ，下層に対しては利を説き，民衆は些か（いささ）の実恵が得られ，安居楽業ができる。これによって社会の調和と安定の大義を維持し保護することができる。孔子の義利思想は当時の統治者に受け入れられなかったと雖も，後の社会や歴史の発展の中では無視できない作用を発揮し，経済管理思想の核心的部分となった。孔子の義利問題に関する考え方は経済管理で活用され，経済管理に必要な義利と結合することで，なくてはならないものになった。人々は自己の経済的利益に関心があるので，もし利益が得られなければ積極的な生産労働や経済発展もないだろう。しかし，みなが随意に利を求めることを放任すれば，社会の不安や動乱になる可能性もある。孔子は義を以って人々の求利活動を調節することを主張し，この社会道徳の許される範囲内に求利活動を制限し，実質上は個人の小利を全社会の大利に向けさせ，以って社会秩序の安定を求めた。経済管理の政策は義を以って出発点とし，そして利を獲得することを以って経済管理の目的とした。

礼に依る恵民は孔子の経済管理思想の中心点で，その主要な内容は下記の通りである。

(1) 藏富於民

孔子は"百姓足，君孰與不足，百姓不足，君孰與足（百姓足らば，君，孰と（たれ）與にか足らざらん，百姓足らずば，君，孰と與にか足らん）"（《論語・顔淵第十二》）と説いた。これは国家と民衆の関係は貧富と共にあり，ただ民衆の富が足ってのみ，国家が富み足りるということであり，逆に民衆が貧困であれば，国家も富が足りることは不可能であるということである。この一主張は正確に富国と富民を説明しており，孔子の藏富於民（富を民間に蔵す）の思想を表現している。彼は統治者が民衆に苛酷な税を課すことに反対し，「藏富於民，国富寓於民富」であると主張した。民衆が生活できることを拡大すれば，国家統

治の重要な保証が維持でき国家は富足強盛になれる。孔子は非常に農業生産を
重視し，民衆の生活状態に関心をもった。彼は国家経済を治理し生産を発展さ
せるためには必ず民衆に依らなければならず，国家収入の賦税は民衆が生産し
たものであるから，国家財政の支出の面では節約に心がけて，奢侈や浪費を禁
止し，財を傷つけ民衆を害さないように説いた。社会財富の分配では，孔子は
王公貴族と平民百姓の双方の利益を重視することを提唱した。国家を治理する
ために社会の財富が欠乏することを気づかうのではなく，社会財富の分配方式
の不公平さと合理性に心を配るべきであると主張した。

(2) 足食利民

　民以食為天（民衆は食することを以って天と為す）。孔子は"足食，足兵，民信
之矣（食を足らし，兵を足らし，民，之を信ず）"（《論語・顔淵第十二》）と説いた。
孔子は国家を治理するとき重要なことが三ヵ条あると主張した。糧食を充足し，
兵力を充足すれば，得信於民（民衆の信頼を得る）である。その中で足食，足
兵の基礎の上に民信が建立され，立国の本である。民衆に食を充足させるため
には，必ず農業生産の発展を奨励しなければならず，農業の豊作により民食が
保障され，軍隊の糧米などを供給できる。農業生産の発展があってこそ更に多
くの田賦が得られ国家の財政収入が増加する。ゆえに孔子は再度"使民以時"
を提出し，国家の建設は農繁期に農業生産に影響がでないように，農民を徴用
しないようにと強調した。当時の社会条件の下で，民衆に豊衣足食（衣服を豊
かにし食を足らすこと）を実現するためには，農繁期の生産を妨害しないことの
保証が非常に大切な鍵となった。利民させるには経済発展が必要で，民衆に実
質的な経済利益が得られるようにすることが必要であった。一般的な意義から
言うと，民衆が飽食できる生活が利民の目標である。執政者の責任は民衆が各
財源を開拓できるように考案し，民衆に治田，通商，労作の努力を奨励し，本
気でこれらを保護し，積極的に国家経済の税源を開拓しなければならない。

（3）軽賦薄税

　孔子の賦税の主張は主にその軽賦薄税の財政思想の中にある。土地税と軍税は春秋時期において国家財政収入の中で主要な来源であった。孔子は当時の国家が農民に対して田畑に依って土地税を徴収し，それに加え田畑に依って軍税を徴収しているのを目撃し，このような不合理な賦税徴収政策では，農民の負担が過重になるのみで，かくしてまた国家財政に無限の患いをもたらし，必ず社会矛盾が爆発すると考えた。孔子は統治者が軽役薄賦の政策を採用し，民衆の積極的生産を保護することを主張した。彼は税制上で徹法（てっぽう）を使用するように主張し，税率上で什一（十分の一）税率の採用を主張した。徹法は当時田畑の在籍による一種の徴税方式であり，すなわち土地を課税対象の基準にし，その課税の土地税率は十分の一という方法を採用するために什一税率と称した。これは当時では軽税とみなされた。孔子は民衆が賦税を受けられる能力内で課税の標準とするべきで，民衆が負荷に喘ぐほどにしてはならないと主張した。賦税の面で，孔子の主張は二つあった。一つは賦税は軽きを宜しとするもので，二つは賦税の分配は平均を宜しとするものであった。孔子のこれらの主張の目的は，執政者に薄税と利民の経済財政政策を貫徹させることにあった。彼が強調した軽税原則は当時の社会生産力の発展水準に符合するのみならず，当時の民衆が負担できる程度に符合しており，彼は生産関係の調和，階級矛盾の緩和，財政関係の作用などが起こるようにと主張した。

（4）節用愛民

　経済管理の中で生産の発展に注意するだけでなく，消費水準の統制にも注意しなければならない。孔子が所属していた時代の社会の生産力水準は低く，経済の発展は比較的に緩慢で，社会の生産力はまだ充分に各階層の生活ニーズを満足させることができず，人々は普遍的に節約を余儀なくされた。節約は二つの意義を含む。一つは国家財政支出の節約であり，二つは個人消費の節約である。前者は国家の財政状況の改善に有利で，また賦税軽減条件の創造のためにも必要である。後者は家庭の経済状況の改善の助けとなり，家庭生活の維持に

有利である。斉景公は孔子に向って為政問題について質問をした時，孔子は“政在節財（マツリごとは節財に在り）”[5]と答えた。それは国家の管理が財物の節約に在るということである。

　孔子は“道千乗之国，敬事而信，節用而愛人，使民以時（千乗の国を道びくには，事を敬みて信，用を節して人を愛し，民を使うに時を以ってせよ）”（《論語・学而第一》）を長期間提唱し続けた。孔子の節用思想の特徴は国家の財政支出は節約に在り，個人の消費は礼の規定に違反しないことが前提である。すなわち倹約を遵守し且つ礼に違反しないこと，節約且つ義を傷つけないことなどが原則である。彼は奢侈であれば容易に傲慢（ごうまん）になり，過度の倹約は吝嗇（りんしょく）となるが傲慢であるよりは吝嗇のほうが良いと主張した。そして，用礼や浪費よりも朴素倹約の方が良いこと，喪事においては礼義周到よりも内心の悲痛が良いこと，すなわち礼を以って行事するにしても，倹約の原則を堅持すべきであること，などを主張した。

(5) 量入為出

　孔子は財政収入の面で軽賦厚民の実行を提唱し，財政支出の面では崇倹抑奢（倹約を崇び奢侈を抑える）を貫徹すれば，量入為出（収入を量り支出と為す）の財政管理原則に符合すると主張した。孔子の富民，足食，軽税，節約などの主張は密切に関連づけられ，彼の経済管理思想の重要な指導的思想となった。これによって国家財政の収入と支出は有機的に関連づけられた。国家と地方の財政上の収入は徴収しなければならないものは必ず徴収し，使わなければならないものは使い，節約できるところは絶対的に浪費しないということである。孔子は統治者に恵而不費（恵して費やさず）で，民と利を争そわないことを主張した。彼は国家の統治者は山林川沢を開放し，民衆に利を獲得する方法を自分で見つけさせ，こうすることで民心を得て，国家財政もまた費用がかからなくてすむので，このようにすれば民衆の生産の積極性が充分に発揮され，国家もその中から利を獲得できると主張した。

(6) 自由貿易

　孔子は商業経営活動を肯定した。彼は君子が経商により致富になることを否定せず，必ず義を先にし利は後であると主張した。孔子は自由貿易と各国間の相互通商政策を主張し，関所を設置して商品税を徴収するやり方には絶対的に反対し，商業活動の中での詐欺行為に反対した。そして当時すでに"謹権量，審法度（権量を謹み，法度を審らかにする）"（《論語・堯曰第二十》）という考え方を提出した。すなわち孔子は厳格に度量衡の統一制度を規定し，市場管理と商業経営活動に関する法律条文の構築と健全性は商業流通の安定と発展に対して有効な措置であると考えた。当時魯国商人の物価の値上げ操作現象を禁止するために，孔子は厳密な市場での公平な各種の取引政策条文を制定し，同時に逐次実施するように要求した。三ヵ月の実施後成績は顕著で，魯国の商品は比較的公正で合理的な価格で取り引きされ，これにより市場では正当な商業経営が営まれ，市場取引の秩序が保たれた。

(7) 発展百工

　当時の社会経済は農業によって糧食を提供する以外に，必ず各種の手工業の職人に手工業を発展させることによって，民衆の日常生活を満足させ，戦時の武器装備を生産することができた。ゆえに孔子は"来百工則財用足（百工来たせば則ち財用足る）"（《礼記・中庸》）と主張し，そして且つ"来百工"を国家の治理において必ず遵守すべき九ヵ条原則の一つとした。当時孔子の"来百工"には条件があった。すなわち"日省月試，既禀称事，所以勧百工也（日に省み月に試み，既禀事に称うは，百工を勧むる所以なり）"（《礼記・中庸》）である。このことは，毎日検査し，月毎に考課し，労働者に提供する日常必需の生活物資の数量を彼の仕事の成績の良し悪しに合致させ，これによって労働者の努力を奨励する重要な方法の一つにした。この方法はある意味では，現在常に採用されている"按労付酬（労力に依る報酬）"制度であり，両方にはある一定程度の類似性がある。二千余年の隔たりがあり，各々異なった自分の時代的特徴の方法があるけれども，これだけでも孔子の主張には歴史的な意義と現代的価値の

あることを充分に示している。

4. 結　び

　社会的な進歩は必ず我々に管理の理論や，管理の実践などの面で革新を要求する。管理を革新するためには西洋の先進文明思想と科学的管理理念を借りなければならず，また東洋の伝統的文化の中にある価値のある事物も吸収しなければならない。しかしながら，孔子は中国における儒教文化の創始者であり，孔子の思想は中国伝統文化の重要な源流の一つである。それは全面的かつ深刻に中国のみならず，世界の歴史の発展に影響を与えた。孔子の思想は人類と自然環境との生態バランスや，社会と人文環境との生態バランスに対して睿智を提供したのみならず，そして且つ豊富な哲学と管理思想を含んでいるので，現代社会でも管理の各方面に対して重要な鑑みとなるという意義や啓示的作用を含むものである。例えば，彼の"仁"に関する考え方は人道主義精神を体現するものであり，"礼"に関する学説は社会制度と社会秩序の確立に役立つものであり，人類の文明社会発展の基礎的理論を詳述している。そして，"人本"，"富民"，"和諧"，"和合"，"誠信"，"徳を以って道となし，礼を以って斉となす"などの思想は現代の我々の科学的発展観や，和諧社会の構築，和諧世界の目標などと一致するものであり，また完備した世界市場経済体制と民主法制体系の理念と一致するものである。

　孔子は特に"礼"を強調した。それは社会制度の制定と執行にとって重要である。当然社会制度には良し悪しの二種類があり，良い社会制度は仁義の基礎の上に構築され，不仁不義の基礎の上に構築された社会制度は，絶対に悪いはずである。ただし社会環境の変化に伴って，かつては一度適切な制度であってもある一つの段階に至ると悪い制度に成る可能性もある。ゆえに，社会制度も不断に改善と変革を加える必要がある。当今の社会生産性の発展に符合する旧制度は継承されなければならず，逆であれば必ず放棄しなければならない。これがすなわち社会制度の構築中に伝統と現代の関係を処理する原則である。し

かし，ただ良い制度があるだけでは足らず，必ずそれを厳格に執行しなければならい。それには一面で自律に頼り，他面では外在的な約束に頼らなければならない。孔子のいわゆる“正名”ということは，名実共に自己反省と相互監督の社会的環境が形成されることを希望したものである。

　孔子の管理思想における重要な核心的な考え方は“富民安人”であり，“富民”は“安人”の物質的基礎である。しかし，“安人”にはただ経済的な富裕の問題のみでなく，さらに社会政治の安定と社会の和諧が必要である。孔子は私欲の克己と修身を通して，心霊の和諧および人と人の間の和諧に到達することを提唱し，徳治仁政を通し，寛猛相済<ruby>（かんもうあいすくう）</ruby>の社会制度を構築することや，政府官僚の清政廉潔によって官と民の間の和諧を実現し，そしてかつ大同社会の実現を通して自然と人類の相対的和諧に到達することを希望した。現在世界レベルで現代化を進める過程で，生産本土化に取って代わる生産国際化の過程で，すなわち旧制度に取って代わる新制度の過程で，如何に社会発展に符合し市場経済が要求する新制度を構築し，そして如何にこの新制度を執行すべきかなどについて，孔子の管理思想は我々に多くの啓発を示してくれる。

　如何にして新時代に適応した新しい倫理道徳体系を構築し，完全に良いものにするかが，我々の直面すべき一つの大きく，かつ重要な使命である。その任務は重く，そしてその道は遠い。我々は思維方式を改めなければならない。積極的に道徳を提唱すれば一種の生産力の斬新な考え方となり，社会の道徳が再び新しい社会と経済発展の推進に重要な要素となる。そして，皆の努力を通じて，若干年の後には，新しい国家や社会が経済政策を調整する方向となることが期待される。孔子のいた時代と我々の今所属している時代は違い，その社会的条件と生活環境も各々違うと雖ども，孔子のこのような人本主義の，徳を以って政を為すという思想は，自己発展の完善と社会発展の完善を有機的に結合した思想であり，依然として重視されるべき発揚光大（思想，精神などを大い発揚する）に値する大切な歴史的文化精神の遺産である。

【注　釈】

(1)　本文は世界書局 1935 年版『諸子集成』中の『論語正義』を藍本とし，『論語』など計二十篇を参考とした。

(2)　『大学』は原来『礼記』に記載され，儒学の入門の読物である。朱熹はその『大学章句集注』の中で"四書"の首と位置づけた。また朱熹は，『礼記』中に『大学』を入れたのは間違いであると考え，新たに，"経"と"伝"の２部分に編集した。通常"経"は孔子の弟子曾子が孔子の語録を記録したものとされ，"伝"は曾子の弟子が"経"に対して曾子が詳細に述べたことを記録したものとされている。朱熹は，『大学』は規模を定め，『論語』は根本を立て，『孟子』は更に発展させ，『中庸』は微妙を求め，『大学』は儒学の基本規模と輪廓を示したものと論じている。

(3)　『中庸』は原来『礼記』に記戴され，孔子の孫子思の作である。朱熹はそれを"四書"に編入し，その評価は非常に高い。『中庸章句集注』のはじめに，朱熹は程頤の言葉を引用し，特に『中庸』は"孔門が心法（心のはたらき）を伝授した"哲学の著作と強調している。『中庸』は前後三十三章あって，その中で大部分が孔子の言論を引用したのが十八章ある。

(4)　趙定憲 (2008)，『四書読本』中国・上海民衆出版社，p.341, p.343。

(5)　司馬遷 (2006)，『史記巻四十七―孔子世家第十七―』中国・中国三峡出版社，p.1754。

【参考文献】

〔1〕(1935)，『諸子集成―論語正義―』中国・世界書局。

〔2〕閻韜 (1997)，『孔子与儒家』中国・商務出版社。

〔3〕黄申 (2006)，『論語―入門―』中国・上海古籍出版社。

〔4〕周予同・朱維錚等著 (2009)，『論語二十講』中国・華夏出版社。

〔5〕陳徳述 (2008)，『儒家管理思想論』中国・中国国際拡播出版社。

〔6〕傅佩栄・郭斉勇・孔祥林 (2008)，『孔子九講』中国・中華書局。

〔7〕林甘泉主編 (2008)，『孔子与 20 世記中国』中国・中国社会科学出版社。

〔8〕金景芳・呂紹網・呂文郁 (2006)，『孔子新伝』中国・長春出版社。

〔9〕鍾肇鵬 (1990)，『孔子研究』中国・中国社会科学出版社。

〔10〕匡亜明 (1990)，『孔子評伝』中国・南京大学出版社。

〔11〕楊先挙 (2002)，『孔子管理学』中国・中国民衆大学出版社。

〔12〕陳徳述主編 (2000)，『孔子思想的当代価値』中国・巴蜀出版社。

〔13〕孔健 (1990)，『孔子的経営哲学』中国台湾・門出版社。

〔14〕朱家楨 (1999)，『孔子思想与現代企業管理』中国・广西民衆出版社。

〔15〕曹軍 (2007)，『儒家的和諧管理』中国・中国广播電視出版社。

〔16〕発源編著 (2009)，『半分は「論語」で企業を統治する』中国・中国言実出版社。

〔17〕趙定憲 (2008)，『四書読本』中国・上海民衆出版社。

〔18〕【徳】維尓納・施万費尓徳著 (2009)，沈錫良訳，『孔子管理学』中国・上海訳文出版社。

※序章の内容の大部分はすでに中国語論文として発表済みであるが，出版社の許可を受けて日本語に翻訳し，日本語翻訳として発表するものである。元の中国語論文については，下記の文献を参照されたい。

亞東経済国際学会研究叢書⑯『東亞社會發展與產業經營 (中国語繁体字, 日本語) (査読制)』台湾・暉翔興業 (股) 発行，2014 年，pp.9-17。

（俞 进・原口俊道)

第1編

東アジアの社会・観光・経営

第 1 章　市民憲章を基盤とした NPO 活動連携と SDGs パートナーシップ

　本章では，QOL の共感に基づいた自発的行動意欲の喚起が期待される市民活動として，市民憲章運動，NPO 活動，SDGs について，それぞれの活動の成り立ちからの連携の必要性を探った。その結果，地域の歴史・文化の理念を体現する市民憲章運動を基盤にした NPO 活動がパートナーシップでつながり，独自性のある SDGs 推進のプログラムを推進していく必要があることが確認できた。

【キーワード】：持続可能な開発目標 SDGs，市民憲章，NPO 活動

1.　はじめに

　持続可能な開発目標 SDGs（Sustainable Development Golds）は，持続可能な開発のための 2030 アジェンダが 2015 年 9 月に国連総会で採択され，我が国においても 2016 年 5 月に SDGs 推進本部が設置された。そして同年 12 月には SDGs 実施指針が確定され各方面での推進が図られている。民間企業では，これまでの CSR からの流れに加え，投資家が ESG 投資に注目していることから，SDGs への取り組みが評価指標として注目されている。NPO，NGO など市民活動団体では，SDGs を共通の認識として，行政や民間企業と連携して取り組みやすい領域となっていくことが予想される。なぜなら，SDGs を学ぶことで，市民活動団体が取り組む課題や活動が，他の社会課題や世界の課題とつながっているという実感を持つことができ，SDGs の理解の深まりによって課題間の関わりが透けて見え，社会の全体像をつかもうとする際の参考になるからである。

　SDGs の展開は，広い視点や気づきが得られ，活動に新しさを加味できることや，違う分野の活動の仲間を増やす機会になる。そしてこれまでのように活動を前年からの積み上げで考えるのではなく，2030 年時の目標を設定し，そこから遡って今から何をしていくべきかを考える際のきっかけになることができる。このような点においても SDGs を導入することは有効だと考えられる。

　一方市民憲章は，一つの自治体の住民が互いに横の繋がりをもって QOL（より良い生活文化）を築いていこうという考えをあらわしたものである。また市民憲章の運動は，自らが暮らすまちの現状や行く末を行政任せにするのではなく，隣人との対話をもって参加するための理念の実践であり，住民と行政との接点となる行動を育むものである。

　本章では，SDGs が可能にする社会課題や世界の課題とのつながりの意識醸成や社会全体の到達目標の具現化が，市民憲章運動及び NPO 活動と連動する必要性を明らかにすることを目的とする。

2.　日本の市民憲章運動と自治体 SDGs モデル

　日本における「市民憲章」は，広島市の「市民道徳」(1950)，京都市の「京都市市民憲章」(1956) が制定されてから既に半世紀が経過し，2018 年には全国で 782 市あるなかで約 7 割の市が市民憲章を制定している [1]。更に，同様の形式や内容を持った「町民憲章」や「村民憲章」も含めれば，日本の大半の市町村には「日本の市民憲章」が制定されているといえる。

　そして市民憲章運動と呼ばれる市民憲章の正しい意義や役割を啓発し，それぞれの地域における実践活動を着実に推進する社会運動が，数多くの人々の草の根活動によって息長く推進されている。この市民憲章運動の推進に関わる人々の全国大会は，「市民憲章運動推進全国大会」と称して，「全国市民憲章運動連絡協議会」（略称・全市憲）と開催市および開催市の市民憲章推進組織が主催し，1966 年以来，以下の都市において，2019 年までに半世紀を超える 54 回目の開催を重ねている（1 回は国鉄ストのため中止，2019 年は

10月に岩手県花巻市開催予定）。

図表 1-1　SDGs 未来都市

緑字：SDGs未来都市（自治体SDGsモデル事業含む）
青字：SDGs未来都市
※道県が選定されている場合は道県全域を着色。

北海道下川町
北海道
北海道札幌市
北海道ニセコ町
秋田県仙北市
石川県珠洲市
山形県飯豊町
富山県富山市
長野県
石川県白山市
宮城県東松島市
岡山県真庭市
大阪府堺市
茨城県つくば市
岡山県岡山市
神奈川県
山口県宇部市
神奈川県横浜市
福岡県北九州市
神奈川県鎌倉市
長崎県壱岐市
静岡県静岡市
静岡県浜松市
熊本県小国町
愛知県豊田市
広島県
三重県志摩市
奈良県十津川村
徳島県上勝町

（出所）2018 年 6 月 15 日内閣府地方創生推進室報道資料より転載。

　一方 SDGs では，自治体における SDGs の達成に向けた取組みへの支援が行われている。政府は SDGs を地方創生の実現に資するものであるとし，自治体による SDGs の達成に向けた取組みを公募し，優れた取り組みを提案する都市を「SDGs 未来都市」として 29 都市選定している。そしてさらに自治体 SDGs 推進関係省庁タスクフォースにより強力に支援するとし，その中で先導的な取り組みを「自治体 SDGs モデル事業」として 10 都市を選定し資金的に支援している（図表1-2）。

　市民憲章運動全国大会を開催しかつ自治体 SDGs モデル事業にも認定されている都市は福岡県北九州市が唯一の自治体である。北九州市は 2011 年度に 11 の都市・地域が選定された「環境未来都市[2]」でもある。図表 1-3 に北九州市の市民憲章（1981 年）と，図表 1-4 に北九州市の SDGs 地域エネル

ギー次世代モデル事業（2018年6月に認定）を示す。

図表 1-2　自治体 SDGs モデル事業に認定された 10 都市

No.	事業者名	モデル事業内容
1	北海道ニセコ町	環境を生かし，資源，経済が循環する「サスティナブルタウンニセコ」の構築
2	北海道下川町	SDGs パートナーシップによる良質な暮らし創造実践事業
3	神奈川県	SDGs 社会的インパクト評価実証プロジェクト
4	神奈川県横浜市	"連携" による横浜型「大都市モデル」創造事業
5	神奈川県鎌倉市	持続可能な都市経営「SDGs 未来都市かまくら」の創造
6	富山県富山市	LRT ネットワークと自律分散型エネルギーマネジメントの融合によるコンパクトシティの深化
7	岡山県真庭市	永続的発展に向けた地方分散モデル事業
8	福岡県北九州市	地域エネルギー次世代モデル事業
9	長崎県壱岐市	Industory4.0 を駆使したスマート 6 次産業化モデル構築事業
10	熊本県小国町	特色ある地域資源を活かした循環型の社会と産業づくり

（出所）内閣府地方創生推進事務局 H.P. より著者作成。

図表 1-3　北九州市の市民憲章

> 　わたしたちのまち北九州は、美しい自然に恵まれ、ながい歴史とたくましい産業をうけついできました。
>
> 　わたしたち北九州市民は、このまちを愛し、よりいっそうの市民参加によるまちづくりをめざしています。
>
> 　このふるさとに、実りある未来を築くため、わたしたちは、みんなで守る約束を定めます。
>
> 　　　　　緑を豊かに　清潔で美しいまちにします
> 　　　　　きまりを守り　安全なまちにします
> 　　　　　人を大切にし　ふれあいの輪をひろげます
> 　　　　　元気で働き　明るい家庭をつくります
> 　　　　　学ぶ楽しさを深め　文化のかおるまちにします
>
> 　　　　　　　　　　（昭和 56 年 2 月 10 日　告示第 18 号）

（出所）北九州市 H.P. より著者作成。

　図表 1-5 は，市民憲章と自治体 SDGs モデル事業のキーワードを抜き出したものである。市民憲章の方は，簡潔で肯定的なことばとなっているが，例えば「美しい」,「ながい」と何がどのくらいなのかの尺度が不明確で，定性的な「理

念」となっている。これに対しモデル事業の方は，専門用語は多用されているものの，より具体的な QOL[(3)] を表現している。

図表 1-4　SDGs 地域エネルギー次世代モデル事業（2018 年 6 月に認定）

1.【経済面】「持続可能な産業の振興」を目指す
〈例〉洋上風力発電をはじめとする「地域エネルギーの拠点化」を推進
①クリーンな電力を企業に供給　　②エネルギー関連企業の誘致や起業支援による雇用の創出
2.【社会面】「生涯活躍社会の実現（人口減少・超高齢化への対応）」を目指す
〈例〉市民の健康寿命を伸ばすことを目指し，高齢者が活躍できる場を提供
①高齢者雇用の促進　　②市民活動等の支援
3.【環境面】「CO2 削減による気候変動への対応や資源効率の向上」を目指す
〈例〉「環境のまち」として築いてきた，技術や経験、国際ネットワークを生かした経済面や社会面の課題解決に挑戦
①新たなリサイクル〔レアメタルや PV（太陽光発電）パネル等〕の取り組み
②市が提案するモデルを世界に発信し，世界規模の CO2 の削減に貢献する「環境国際協力・ビジネス」に繋げる

（出所）北九州市企画調整局政策調整課 H.P. をもとに著者作成。

図表 1-5　市民憲章と SDGs モデル事業のキーワード比較

市民憲章	自治体 SDGs モデル事業
・美しい自然	・環境のまち
・ながい歴史	・技術や経験
・たくましい産業	・持続可能な産業
・清潔で美しいまち	・新たなリサイクル
・安全なまち	・生涯活躍社会
・ふれあいの輪	・市民活動等の支援
・明るい家庭	・高齢者雇用の促進

（出所）著者作成。

3.　市民憲章運動と市民活動から SDGs へ

　市民憲章運動と結びつくもので「市民活動」という言葉が広く用いられるが，どのような活動を「市民活動」と呼ぶかについてはいろいろな考え方がある。

図表 1-6　市民活動の内容

・市民の自発的な意志に基づくこと	・営利を目的としないこと
・善意や良心を前提としていること	・公益性を持つこと
・自主的な活動であること	・活動内容が公開されていること
・ボランティアで運営されていること	・特別な参加要件がないこと

（出所）著者作成。

一般的には以上の内容が例示できる（図表 1-6）。

　このような市民活動は，本来，個々人の発意に基づくある種の「自助活動」であり，狭義においては「個々の市民が喜びと共に元気になる」ことに意義があると考えられるが，現代社会においては「数多くの市民が公益性のある共同作業に自主参加する」ことに重点が置かれているといえる。そして一人でも多くの市民が市民活動に参加することを願うのであれば「市民がどのような契機や事情で市民活動に参加するようになるのか」という問題が浮かび上がってくる。しかしながら，これまでの市民活動は，「市民の参加を前提とした各種の活動の事例や制度」については熱心に検討される反面，肝心の市民の参加を喚起する仕組みや方策については殆ど関心が払われてこなかったのではないだろうか。

　半世紀を経過した全国各地の市民活動では，数多くの市民が参加すれば素晴らしい成果が得られるはずの計画でありながら，実際は，ごく少数の市民しか参加しないため，本来の目的を満たす事業とは言い難い結果に終わるといった例もみられる。したがって，市民憲章運動を掲げた市民活動にも目標達成感が得られるような仕組みを考えていく必要がある。

　そこで，あらためて「市民の参加を喚起するもの」について考えてみると，今日の事業活動評価で必須である PDCA サイクル [4] による自己点検評価の実施や，KPI や KGI [5] などで評価される明確な工程が与えられた到達目標が求められている。しかし市民憲章は，前文の北九州市の事例で示したように「理念」であるので，明確な工程が与えられた到達目標を提示するには不十分である。そこでこの「市民の参加を喚起するもの」として，2030 年までに 17 の

到達目標と 169 のターゲットを持つ SDGs に置き換えられると考えられる。

　SDGs では,「2030 年までに貧困に終止符を打ち, 持続可能な未来を追求しよう」という期限を決めた明確な到達目標が「持続可能な開発のための 2030 アジェンダ」で採択された。そこに盛り込まれているのは, 世界を変えるための 17 の具体的な目標である。またそれは途上国も先進国も含めた世界中の一人ひとりに関わる取り組みでもある。そのために SDGs では, SDGs を 17 の目標ごとにわかりやすく紹介したチラシ, SDGs シリーズ「なぜ大切か」を作成している [6]。これは, SDGs の 17 の目標別に, なぜこの目標が設定されたのか, 何が問題となっているのか, 取り組まなかったらどうなるのか, 私たちには何ができるのかなどを, 短くわかりやすくまとめたリーフレットになっている。

4.　NPO 活動と市民憲章運動との連携及び SDGs「パートナーシップ」の応用

　1998 年に NPO 法（特定非営利活動促進法）が制定されたことによって, 全国で数千にのぼると言われている「まちづくり」や「コミュニティ」関連の NPO（Non-Profit Organization 非営利団体）は, それらの相当数が法人格を得ることになり, 制度上あるいは形式上の整備は一挙に進んだ。しかし, 有力な支援母体を持つ一部の NPO を除き, 多くの団体が「運営費の捻出」,「活動場所の確保」,「活動内容の広報」,「イベントの動員」,「メンバーの勧誘」等の現実的な課題を抱えている状態であるといえる。したがって, 現在の日本における「まちづくり」や「コミュニティ」関連の NPO の多くは, 個々の組織について発足趣旨の妥当性や活動内容の正当性が社会的認知を得てはいるものの, それぞれが分立したままある種の「手詰まり状態」にあるといえる。

　SDGs シリーズ目標 17 では,「パートナーシップで目標を達成することはなぜ大切か」と問いかけ,「持続可能な開発のための 2030 アジェンダを達成するため, 私たちは約束を素早く行動へと移さねばなりません。そのためには, すべてのレベルで強力, 包摂的かつ統合的なパートナーシップが必要です」と

説いて明確な工程を持った到達目標を示している⁽⁷⁾。

　ここでNPO活動において，市民憲章運動における理念を敷衍し，そして SDGs目標17のパートナーシップでの目標達成を取り組むことで，「まちづくり」や「コミュニティ」関連のNPO活動の役割は，全国各地で今後ますます重要な意味を持ってくると考えられる。

　2017年7月，超党派NPO議員連盟と一般社団法人 SDGs市民社会ネットワーク（以下SDGsジャパン⁽⁸⁾）が共催し，地域の社会課題に向き合い活躍するNPOを対象に，その取り組みがさらに一歩進むためのヒントになることを目的としたSDGsをテーマとする勉強会が開催された。SDGsでは，「誰一人取り残さない」がキーワードになっているが，日本においても，政府が2016年12月にSDGs実施指針を示し，2017年7月には国連本部にて外務大臣がSDGsの進捗を報告し，パートナーシップでSDGsを国内外ともに推進していくことが発表されている。

　今後，NPOも自治体の市民憲章運動とともにパートナーシップでSDGsを実施することは必然となっていくと考えられる。現時点ではまだまだ，自治体，国内活動を行っているNPOにはSDGsが知られていないという現状もあるが，SDGsの目標を紐解き，活用されることは，複雑化，高度化する社会課題の解決に向けてのヒントとなる可能性は十分にある。

5.　自治体条例と市民憲章及びSDGsとのちがい

　日本における市民憲章の大半は，その都市の地理，気候，風土，歴史，特徴，誇るべき点，制定の事情等を簡潔に述べた前文と，その都市の市民が日常的かつ継続的に心掛けるべきまちづくりの肯定的目標を箇条書きにした本文から成っている。特に著しい特徴が見られるのは本文の部分であり，主として以下の3点が重要である。

　1）簡潔であること。
　2）肯定的に述べられていること。

3）和語が多用されていること。

1）では，日本の市民憲章の本文は，その多くが概ね30字前後から成る5カ条程度の文言で表現されており，老若男女を問わず，誰もが無理なく了解できる内容となっている。2）では，日本の市民憲章の本文には否定形はほとんど用いられておらず，命令的あるいは強制的な表現もない。3）では，日本語は日本固有の和語（やまとことば）の他に中国からわたってきた漢語，外国からわたってきた外来語から成り立っている。そしてやまとことばは，音そのものが美しい響きをもっているものが多く，どこか心の琴線にふれるようなものが多い。

多くの市町村においては，まちづくり関係の条例では自治条例，参加条例，まちづくり条例，都市景観条例，土地利用条例などが制定され，市民憲章と混同される場合もあるが，これらは制定趣旨も内容も大きく異なる。特に重要なことは，条例は地方公共団体が自主的に制定するものとはいえ，あくまでも議会の議決などによって決定される法規であるのに対し，日本の市民憲章は，法律を生み出す「理念」として扱われるべきものといえる。SDGsもこの点に関しては市民憲章と同じ性格を持つといえる。

このような本質的な違いは，現実的な2つの著しい違いをもたらしている。一つは，「条例は適用対象を厳格に規定する必要があるため，固くくどいものになる」のに対し，「日本の市民憲章は市民の志を述べるものであるため，分かり易く親しみ易いものになる」ということである。したがって，多くの市民にとっては，条例は堅苦しいために親しみ難く，市民憲章はわかり易く親しみ易いということになる。

今一つは，「条例は起き得る悪いことを想定しているため，市民がやってはならぬことに主眼が置かれている」のに対し，「日本の市民憲章は実現したい良いことを想定しているため，市民が進んでやるべきことに主眼が置かれている」ことである。したがって，条例には強制力や罰則といった法的実効性が求められるのに対し，市民憲章にはQOLの共感に基づいた自発的行動意欲の喚起が期待されることになる。市民憲章とSDGsとの接点はまさにここにあるといえる。

6. 自治体における総合計画

　土地利用計画を中心的内容とする国土計画は，その対象となる行政区域により，「全国総合開発計画」（全総・新全総・三全総・四全総・21 世紀の国土のグランドデザイン），国土利用計画法第 7 条による「都道府県計画」，同第 9 条による「（都道府県の）土地利用基本計画」，同第 8 条による「市町村計画」などが階層的に定められており，それぞれ前者の計画が「上位計画」と呼ばれ後者の計画の内容を規定している。更に，都市計画に関わる計画については，都道府県の定める「都市計画区域の整備，開発又は保全の方針」（整開保）や地方自治法第 2 条第 4 項による「（市町村の）基本構想」が，都市計画法第 18 条の 2 による「（市町村の都市計画の）基本方針」を規定している。

　それぞれの市町村では，これらと一部重なり合う形で，全ての計画の基になる「総合計画」（「基本構想」，「基本計画」，「実施計画」），「都市マスタープラン」（基本方針，将来像，全体構想，地区別構想），「地区計画」などが，やはり階層的に定められている。したがって，市町村の「まちづくり」に関わる最上位の規定は「総合計画」ということになる。

　2017 年 6 月での第 3 回 SDGs 推進本部会合の議事録[9] において，梶山弘志内閣府地方創生規制改革担当大臣の意見が記録されている。「SDGs を全国的に実施するためには，広く全国の地方自治体による地域のステークホルダーと連携した積極的な取組の推進が必要不可欠であります。このため，『環境未来都市』構想をさらに発展させ，地方自治体における SDGs 達成のための施策を策定し，これを積極的に推進することにより，地方創生のさらなる実現につなげてまいります。」

　この大臣の発言からも明らかなように，総合計画における SDGs の推進に当たっては，各自治体が自身の固有の条件を踏まえて，独創性のある政策目標を打ち出すことが求められる。

7.　結　び

　日本における市民憲章は 1950 年代から始まり，日本の大半の市町村で制定
されている。またこの市民憲章運動の推進に関わる人々の全国大会は，1966
年以来開催されてきた。しかし半世紀を超えての市民憲章運動は，「市民の参
加を前提とした各種の活動の事例や制度」については熱心に検討される反面，
肝心の市民の参加を喚起する仕組みや方策については有効な手立てが確立され
ていない状況である。

　また，まちづくり関連の NPO は，個々の組織について発足趣旨の妥当性や
活動内容の正当性が社会的認知を得てはいるものの，それぞれが分立したまま
ある種の「手詰まり状態」にあるといえる。そのため，市民憲章の推進活動と
の連携を新たな NPO 活動のモデルにすることが期待されているが，組織相互
の連携事例や合体事例は少ない状況である。

　一方 SDGs は，2016 年 5 月に「SDGs 推進本部」が設置され，12 月には
SDGs 実施指針が確定され各方面での推進が図られている。内閣府による地方
創生事業において，自治体における SDGs の達成に向けた取組みへの支援が
行われている。優れた取組みを提案した 29 都市を「SDGs 未来都市」として
選定し，さらにその中で先導的な取組みとして認められた 10 都市が「自治体
SDGs モデル事業」として資金的に支援されている。

　市民憲章運動，NPO 活動，SDGs の共通点は，我々の未来に立ちはだかる様々
な問題に対処し，解決策を実現するための目標を持ち，QOL の共感に基づい
た自発的行動意欲の喚起を呼び起こされた市民が進んでやるべきことに主眼が
置かれていることである。そしてそのためには地域の歴史・文化の理念を体現
する市民憲章運動を基盤にした地域の議員，行政，NPO や民間企業がパート
ナーシップでつながり，独自性のある SDGs プログラムを推進していく必要が
ある。

【引用文献】

(1)（2019年1月），公益財団法人あしたの日本を創る協会 H.P. より

(2) 環境未来都市は環境や高齢化など人類共通の課題に対応し，環境，社会，経済の三つの価値を創造することで「誰もが暮らしたいまち」「誰もが活力のあるまち」の実現を目指す，先導的プロジェクトに取り組んでいる都市・地域です。平成23年度に11の都市・地域が選定された。

(3) QOLとは，一般に，ひとりひとりの人生の内容の質や社会的にみた生活の質のことを指し，つまりある人がどれだけ人間らしい生活や自分らしい生活を送り，人生に幸福を見出しているか，ということを尺度としてとらえる概念である。QOLの「幸福」とは，身心の健康，良好な人間関係，やりがいのある仕事，快適な住環境，十分な教育，レクリエーション活動，レジャーなど様々な観点から計られる。

(4) PDCAサイクルとは，Plan(計画)，Do（実行），Check（評価），Action（改善）を繰り返すことによって，生産管理や品質管理などの管理業務を継続的に改善していく手法である。

(5) KPIは最終的な目標（KGI）を達成するための過程を計測する中間指標のことである。KGIを達成するためには，様々な過程を経ていかなければならないが，その最終目標を達成するために不可欠な過程を洗い出し，過程をどのくらいの状態で通過できれば，最終的な目標が達成できるか，そしてしっかりとクリア出来ているかどうかを数値で計測するのがKPIである。

(6) シリーズ「なぜ大切か」は，SDGsの17の目標別のチラシに，なぜこの目標が設定されたのか，何が問題となっているのか，取り組まなかったらどうなるのか，私たちには何ができるのかなどを，短くわかりやすくまとめられている。

(7) シリーズ「なぜ大切か」『目標17パートナーシップで目標を達成することはなぜ大切か』。

(8) SDGsジャパンは，日本の市民社会において持続可能な開発目標（SDGs）の達成に向けた取り組みを進めるさまざまなNGO/NPOが参加するネットワークである。SDGsジャパンが産声をあげたのは2013年で，SDGsの形成のための多国間交渉に日本の市民の声を反映させるために「ポスト2015NGOプラットフォーム」として設立された。その後，SDGsが国連で採択された翌年の2016年4月に再編成されて，SDGs市民社会ネットワークとして始動した。2017年2月には法人格(一般社団法人)を取得し，2018年にはおよそ100団体が参加するネットワークとして活動を展開中である。

(9)（2017年），「自治体SDGs推進のための有識者検討会」

（西嶋啓一郎）

第2章　沖縄教職員会の民立法運動と米軍統治への抵抗

――教育四法の制定過程を中心に――

【要旨】

　本章は，沖縄教職員会の民立法運動による教育四法（教育基本法，学校教育法，教育委員会法，社会教育法）の立法化における成立過程について検討した。

　当時，沖縄教職員会の会長であった屋良朝苗は，「沖縄住民の意思に基づいた教育法規は，沖縄の教員らが米軍統治下で抱き続けてきた願いである[(1)]」として，教育四法の民立法運動を推進した。屋良には異民族支配からの脱却が根底にあったので，琉球列島米国民政府（USCAR）主導の教育行政制度には否定的であった。

　それに対して，USCAR は布令第 165 号「教育法」を公布した。その基本原理は，家庭教育重視である。他に，英語教育の実施，政府への協力，教員と職員両方の 1 年毎の契約制などが規定されている。さらに，政府職員，政府立学校職員，団体職員に対する政治活動の制限規定を，区立の学校教育職員にも準用するとしている。

　沖縄教職員会は，PTA 連合会・地区教育委員会・校長会を巻き込んで，琉球政府の立法院に対して教育四法の立法化の支援を要請した。立法院では「教育四法」の立法化に向けて，文教社会委員会で三度の審議がなされた後に成立した。成立の過程は，沖縄教職員会の内部資料と当時の新聞報道とから読み解いた。

【キーワード】：オグデン三原則，沖縄教職員会，教育法

1. はじめに

　沖縄住民が自らの教育法規を持ちたいと想うようになった背景として，いずれは日本に復帰するので，そのためにも本土の教育法規と同程度の内容を沖縄にも適用した方が望ましいと考えていたこと。もう一つには，沖縄の教育環境の改善が一向に進まないことに対する USCAR への苛立ちがあった。そうした沖縄住民感情の高まりが，民立法運動として表面化した。

　本章では，沖縄教職員会が教育四法の制定を勝ち取るまでの過程に着目しながら，沖縄住民の意思で教育法規の制定を実現できた歴史的背景も併せて検討課題とした。

2. 教育関係法令制定の歴史的背景

　米軍は，最初，沖縄地域を沖縄・宮古・八重山・奄美に 4 分画し，それぞれに群島政府を置いて統治した。群島政府における劣悪な教育環境と，それに対する USCAR の対応策とについて，まず，触れておきたい。

　1952 年に沖縄・宮古・八重山・奄美の 4 群島政府を統一して琉球政府を設立させ，占領政策を本格化させていった。こうした中で，奄美群島が 1953 年に日本に返還されて，琉球政府から離脱した。

　この琉球政府設立において米軍が制定した教育関係法令が，USCAR 布令第 66 号「琉球教育法」である。この琉球教育法は，それまで群島政府で制定されていた教育関連法を一本化したものである。この布令で沖縄統一の教育法が確立された。

(1) 戦後初期の沖縄における教育環境

①沖縄戦直後（1945 年 4 月〜 1946 年 3 月）[(2)]

　米軍との戦闘によって沖縄の環境は，完全に破壊された。そうした環境に放

置されていた沖縄住民が，米軍によって収容所に強制的に収容されると，住民たちは部落の適当な広場や林を利用して学校を開設した。

　彼らが開設した戦後最初の初等学校は，1945 年 5 月 7 日の石川学園である。石川学園の初代校長は山内繁茂が務め，教員が 24 名，通学児童が 790 名であった。しかし，開校当初は「校舎はもちろん，机・腰掛，黒板などの備品や，児童が日常使う教科書・学用品など」[3] もなく，砂の上に指で字をかかせることから教育が始まった。教員は，市町村長の任命や部落民の推薦によって採用した。まだ，全島的に統一的な教育運営はなされていなかった。

②文教部長の教員任命後（1946 年 4 月〜）[4]

　1945 年 8 月 20 日に沖縄諮詢会が発足し，その中に教育部が設置されて，戦後における教育機構の運営準備を進められた。1946 年 4 月から沖縄全島で一斉に教員は沖縄民政府（沖縄諮詢会の後継組織）文教部長の任命制を採用するようになった。そうして，高等学校が各地区に分散して設立され，学校数が増加していった。さらに，学制改革によって，1948 年 4 月から六・三・三・四制が実施された。

③学校校舎の状況 [5]

・青空教室（1945 年〜 1946 年）

　学校校舎は壊滅し，残存校舎も使用できる状態ではなかったので，部落の広場や林を利用して授業を行った。そのため，雨が降れば学校は休校となった。

・仮校舎

　1946 年頃から米軍の廃材をもらい受けて仮校舎（天幕，トタン，コンセット）が建設されるようになった。一方では，米軍の使用した建物を譲り受けて使用する学校も出てきた。1947 年 10 月頃からは，父兄・後援会および教職員の手によって茅葺校舎が建設された。しかし，このような校舎は毎年襲った台風のために例外なく倒壊し，その度に再築された。

・永久校舎

　1949 年 8 月頃からガリオア資金による永久校舎の建設が，ようやく始まった。

1952 年までに準備できた校舎は，残存修理校舎を含めても，学級数の 40% 程度であった。それ故，仮校舎を含めても教室数が足りず，二部授業を行っている学校が多数出現した。

(2) USCAR の対応

1953 年 12 月 22 日に琉球政府主席室で，ブラムリー（Charles V. Bromley）主席民政官同席の下に，USCAR のオグデン（David A. D. Ogden）民政副長官が記者会見を開いた。オグデン民政副長官は，クリスマスメッセージを読み上げて新年の施政方針を発表した [6]。そのなかで，オグデン民政副長官は「教育水準の向上以上に琉球人の繁栄を増進するものはない。予算の許す限り広範に校舎建築を増進，教育者の待遇改善を図り沖縄住民により良き教育を与えることこそ最重要であろう [7]」と述べ，ガリオア資金を活用した経済援助によって沖縄の教育環境の改善を図る考えを示した。こうしたオグデン民政副長官の文教政策における基本方針は「オグデン三原則」としてまとめられている。

ここで，文教政策における「オグデン三原則」が示す基本方針は，以下の 3 項目である。

①必要な普通教室は今後 3 年間に建設する。

②教員の資質の向上を図る。

③教員の給与を改善する。

上記 3 項目の実行に至る経緯を以下に示す。

①は，1954 年〜 1956 年までの 3 年間で全体の 30%〜 40% ぐらいしか進まなかった [8]。

②は，1954 年から本土の講師を招いて夏季講座を開いた [9]。

③は，1970 年 10 月に米国議会上下両院が，沖縄県教職員給与是正のために 100 万ドルの援助を可決したことで実現した [10]。

3.　USCAR 主導の教育関係法令の整備

(1) 沖縄民政府時代

　民主主義的価値観に基づく新しい教育関係法令は，1948 年頃から整備され始めた。宮古群島では 1948 年 4 月に「宮古教育基本法」と「宮古学校教育法」が，八重山群島では 1949 年 4 月に「八重山教育基本法」が，それぞれ本土の教育基本法に倣って制定された。

　宮古・八重山両群島の教育関係法令の特色は，本土の教育制度に倣って六・三・三・四制が敷かれたことである。しかし，教育関係法令の前文や条文から「日本国憲法」と「国家・日本国民」の文言が，米軍統治下であることが理由で削除された。それでも，戦後沖縄における最初の教育関係法令であったことは注目に値するのではないだろうか。

(2) 沖縄群島政府時代

　沖縄群島政府の屋良朝苗文教部長は，「沖縄群島教育基本条例」，「学校教育基本条例」，および「教育委員会条例」の成立（1951 年 3 月）に尽力した。それら教育関係 3 条例は，内容的には十分なものではなかったが，本土の教育法規に倣おうとしたことに特色が見られた。例えば，教育基本条例前文中に「われわれ沖縄人は，1945 年を境として新生の歴史を担うようになった」と記述されており，「沖縄人」という表記に，米軍統治下であっても沖縄の独自性を主張しながら本土への復帰意識を醸成しようとした屋良の意図がうかがえる。しかし，USCAR は，こうした教育関係の条例の制定を一条例ずつ分割制定することには否定的で，一括審議して制定すべきであるとして棄却した。

(3) 琉球政府時代

　1952 年 4 月の「琉球政府」の発足に先立って，USCAR のマコーミック教育部長は教育行政制度の基本となる教育関係法規の立案に着手し，各群島政府代

表者の意見聴取の後，USCAR布令第66号「琉球教育法」を1952年2月に公布した[11]。この法律は沖縄群島教育関係の3条例，宮古や八重山などの教育関係法令を統一化し，全16章169条からなる広範な領域の布令としたものである。その布令の内訳は，

　①中央教育委員を任命制とする。

　②各市町村で公選制の教育委員会を設置する。

　③教育税を新設する。

　USCARは布令第66号を民立法による教育法が整備されるまでの暫定法であるとした。しかし，上記のUSCAR布令第66号に対して，沖縄教職員会の屋良朝苗会長らは，以下の3項目の問題点を指摘した[12]。

　①琉球政府行政主席が任命する中央教育委員会の委員は，公選にすべきである。

　②市町村設置の教育委員会の委員の公選は地方分権の理念としては望ましいが，地方財政が困窮している現状では，時期尚早である。

　③地方教育委員会における教育財政の自主性確立のために，教育税制度は望ましいが，住民の理解が得られないまま徴収すると反発が予想される。

　一方，琉球政府はUSCAR布令第66号を以下のように高く評価した[13]。

　①琉球の教育界の向かうべき方向性が明示された。

　②民主制に基盤を置く教育の自主性と，一般行政から独立と地方分権の精神が明確に打ち出された。

　USCAR布令第66号の施行後に沖縄教職員会の指摘した3項目の問題点が現実化したので，沖縄住民に不信感が拡がり，教育関係法令の制定における民立法運動が次第に活発になっていった。

4. 教育関係法令の民立法運動

(1) 沖縄教職員会の世論調査

　教育法規に関する立法院からの要請に備えて，沖縄教職員会は，1952年に初の教育法規研究委員会を開催した。その結果，教育民主化の潮流に沿って琉球

の教育界を発展させていくためには，教育委員のみで教育法規を決定するのは困難であり，世論調査を行った後に立法化を要請したほうが妥当であるとの意見が多数を占めた[14]。そこで，教育法規，行政機構（教育区の設定），中央教育委員の選任の3項目に分けて世論調査を実施した[15]。それぞれの調査の細目は次の通りである。

- ●教育法規：①現行法規のままで良い，②改正の必要がある，③現行法規の部分的修正，④全面改正，⑤日本法規の全面的採用，⑥日本法規に準ずる。
- ●行政機構（教育区の設定）：①現在のままで良い。②廃止した方が良い。③市町村教育区を廃止するとすれば全島を，（イ）ひとつの教育区にする，（ロ）4教育区（北部・中部・那覇・南部）とする，（ハ）10教育区（糸満，知念，那覇，コザ，前原，石川，宜野座，田井等，辺士名，久米島）とする。
- ●中央教育委員の選任：①選挙が良い。②任命が良い。③選挙がよいとすれば，（イ）直接選挙が良い，（ロ）間接選挙が良い。

図表 2-1　世論調査の結果

	①	②	③	④	⑤	⑥
教育法規	0	43	13	18	4	70
行政機構	14	46	（イ）　7 （ロ）28 （ハ）29			
教育委員の選任	62	4	（イ）12 （ロ）62			

（出所）沖縄教職員会（1952）「1952年度世論調査（教育法規）」より筆者作成。

世論調査の結果，教育法規は日本法規に準じて改正の必要がある。そして，現行の市町村教育区は廃止するが，新規に4教育区にするか，あるいは10教育区にするかについては意見が二分した。また，中央教育委員の選任については間接選挙が多数を占めた。こうしたことから，USCAR布令第66号には幾多の疑問点や問題点があり，民立法による布令の改正を要望する声が強かったことが読み取れるのである。

(2) 教育四法に向けた民立法運動の挫折

　「教育四法（教育基本法，学校教育法，教育委員会法，社会教育法）」について，「沖縄住民の意思に基づいた教育法規を持つことは，沖縄の教員らが敗戦以来持ち続けていた願いである」[16] として，教育四法に向けた民立法運動を展開させていった。当時の沖縄住民は，自らのアイデンティティは日本人なのだから，沖縄で実施される教育は，日本国民としての教育を受けなければならないという固い信念を持っていた[17]。

　さらに，同時期，米軍による強制土地収用に反対する沖縄住民の島ぐるみ闘争が激化したことも，民立法運動に追い風となった。

　「教育四法」案は，立法院文教社会委員会の審議過程で教育基本法の一部字句が訂正された後，1956 年 1 月の立法院本会議で可決された。しかし，比嘉秀平行政主席が議会閉会中を理由に署名を拒否したことで廃案になった。3 月 6 日，比嘉行政主席は教育四法の廃案理由について，文教局を廃止して新たに独立した中央教育委員会を設立することが，三権分立を定めた「琉球政府章典」に違反することを指摘した。その後，琉球政府章典第 11 条の勧告案に従って，比嘉行政主席は「教育四法」案から，USCAR が難色を示した“日本国民として”の文言を削除した。“日本国民として”の文言に，USCAR が難色を示した理由として，「教育四法」案における民立法運動が，本土復帰運動と連動することに警戒感を抱いたことが読み取れる。それでも，ほとんど内容を変えずに，「教育四法」案が立法院に再提出された。しかし，10 月 24 日に再度行政主席の署名拒否にあって廃案となった。

　一方，USCAR は「教育四法」案に対抗して，1957 年 3 月 2 日に布令第 165 号「教育法」を公布した。USCAR 布令第 165 号「教育法」は，秘密会議を経て成案となったもので，沖縄の実情にそぐわない内容が並んでいた[18]。教育目的は「世界の事柄に一層効果的貢献を期して，学生および住民が，世界事業および言語を身に付けるため」と規定されていた。また，親への服従，英語教育の実施，政府への協力，教職員の 1 年契約制なども規定されていた。さらに，政府職員，政府立学校職員，団体職員に対する政治活動の制限規定を，教育区立の学校教育

職員にも準用するとしている。

　USCAR が布令第 165 号を公布した裏には，英語教育の重視や沖縄住民の管理強化を図ることで，教育四法の民立法化運動を封じ込める狙いがあったことが窺える。

(3) USCAR 布令第 165 号「教育法」の反対運動

　沖縄教職員会は，USCAR 布令第 165 号「教育法」に反対するため，1957 年 4 月 27 日に教育法民立法促進教職員大会を開催し，宣言決議が全会一致で採択された [19]。宣言決議には，①関係団体と協力して民立法運動を促進する，②布令の改廃を要望する，③文教予算を獲得する，④琉球政府の真栄田義見文教局長の責任を追及することなどが盛り込まれた。

　かくして 4 月には幼稚園代表が，5 月には PTA 連合会，地区教育委員会総会，校長会，市議会などが USCAR 布令第 165 号に反対し，立法院に対して民立法を要請した [20]。

　また，沖縄教職員会は，USCAR 布令第 165 号による学校の実態を調査するため，各学校宛にアンケートを送付し [21]，179 校から回答があった [22]。回答は 12 項目に分類され，「新布令中で早急に改廃を必要とする点」として，教員の任期制の撤廃・政治活動の制限の禁止・言語を日本語にすることなど 38 項目が挙げられた。

(4) 教育四法の成立

　立法院は「教育四法」案の成立に向けて，文教社会委員会で三度目の審議がなされた後，1957 年 9 月 21 日の本会議で可決された。「教育四法」の成立には，第 4 回立法院議員選挙で沖縄社会大衆党が第 1 党になったことや，那覇市長選挙で民主主義擁護連絡協議会（沖縄社会大衆党と沖縄人民党による左派統一戦線）推薦候補の兼次佐一が当選したことなどが影響を及ぼしたと考えられる。USCAR も世論や社会情勢を無視することができずに承認したので，1958 年 1 月 10 日に「教育四法」が成立した。

　教育基本法の前文には，「われらは日本国民として人類普遍の原理に基づき，民主的で文化的な国家及び社会を建設して，世界の平和と人類の福祉に貢献しなければならない。この理想の実現は，根本において教育の力にまつべきものがある。われらは，個人の尊厳を重んじ，真理と平和を希求する人間の育成を期するとともに，普遍的にしてしかも個性豊かな文化の創造を目指す教育を普及徹底しなければならない。ここに，以上の理念に則り，教育の目的を明示して教育の基本を確保するため，この立法を制定する」と書かれていた。

　この前文で，沖縄住民の教育が，「日本国民としての教育」であることが明示された。沖縄が米軍統治下に置かれた状況下でも，「日本国民として」という文言を入れることができたことは意義深い。また，「日本国民としての」のくだりが，その後の本土復帰運動の支柱となったことは言うまでもないことである。

5.　結　び

　USCAR 布令第 165 号「教育法」の公布に反対する沖縄教職員会は，PTA 連合会・地区教育委員会・校長会を巻き込んで，「教育四法」（教育基本法，学校教育法，教育委員会法，社会教育法）の民立法化運動を展開した。具体的には，沖縄教職員会が各市町村の教育委員会や各学校に対して行った独自の世論調査の結果に基づいて，琉球政府の立法院に「教育四法」の立法化に対する支援を要請した。立法院の文教社会委員会では，立法化に向けて三度の審議を重ねた後に本会議に提出し，全員一致で「教育四法案」を可決した。先の二度は行政主席の署名拒否にあって廃案となったが，三度目は，USCAR も世論や社会情勢を無視できなくなって「教育四法」を承認した。

【引用文献・脚注】
(1) 屋良朝苗（1968），『沖縄教職員会 16 年——祖国復帰・日本国民としての教育をめざして』，労働旬報社，p.135。
(2) 沖縄教職員会（1952），「沖縄教育の現状」（読谷村史編集室所蔵）。
(3) 曾根信一「——まだ銃声が聞こえる中で始められた戦後最初の学校——石川学園の記

録《山内繁茂氏を囲む人々》」『琉球の文化（琉球文化社）』，第 5 号，p.40。

(4) 沖縄教職員会，前掲資料。

(5) 同上。

(6) 『沖縄タイムス』(1953 年 12 月 23 日)，「オ副長官のメッセージ，繁栄の基礎は教育復興に自らの力を生かせ」。

(7) 同上。

(8) 屋良朝苗 (1977)，『屋良朝苗回顧録』，朝日新聞社，p.33。

(9) 『沖縄タイムス』(1954 年 8 月 23 日)，「夏季講座を顧みる，本土講師を囲む懇談会」。

(10) 屋良，前掲書，p.33。

(11) 屋良，前掲書，pp.14-15。

(12) 屋良，『沖縄教職員会 16 年』，pp.31-34。

(13) 上沼八郎 (1962)，『戦後沖縄教育小史——教育民立法成立の過程——』，南方同胞援護会，pp.26-27。

(14) 『沖縄タイムス』(1952 年 6 月 21 日)，「沖教会，教育法規　世論調査して要請」。

(15) 沖縄教職員会 (1952)，「1952 年度世論調査（教育法規）」(読谷村史編集室所蔵)。

(16) 屋良，『沖縄教職員会 16 年』，p.135。

(17) 同上。

(18) 屋良，『沖縄教職員会 16 年』，p.142。

(19) 『沖縄新聞』(1957 年 4 月 28 日)，「教職員大会，教育法の民立法促進を決議」。

(20) 上沼，前掲書，p.41。

(21) 『琉球新報』(1957 年 4 月 8 日)，「新教育法施行後の混乱する教育界，教職員会が実態調査へ」。

(22) 沖縄教職員会 (1957)，「1957 年 4 月教育布令資料 —— 165 号（教育法）——」(読谷村史編集室所蔵)。

（村岡敬明）

第3章　観光客のライフスタイルとバリアフリー
　　　　へのイメージ
――日本人観光客のアンケート調査に基づいて――

【要旨】

　2020 年には東京オリンピック・パラリンピックの開催を控え，海外からも障がい者や高齢者を含めた数多くの外国人観光客の訪問が想定されている。近年，観光地でのバリアフリーがますます重要であると認識され，誰もが気軽に旅行できる「バリアフリー観光」に関心が集まっている。このような背景の下，日本では，高齢者や障がい者，外国人を含む全ての者が旅行を楽しめるバリアフリー観光を推進していくことが求められている。

　本章は，観光客のライフスタイルとバリアフリーへのイメージに関して，ライフスタイルをいくつのタイプに分けることができるか，さらにそのライフスタイルによって，バリアフリーへのイメージに相違があるかを解明する。

【キーワード】：観光バリアフリー，観光客，ライフスタイル

1.　はじめに

　2020 年の東京五輪・パラリンピックを控え，高齢者や障がい者がなんの不自由なく旅行できる「バリアフリー観光」の必要性の認識が広がっている。本章で扱うバリアフリーとは，鉄道，バス等の交通機関や，旅館，ホテル等の観光産業施設において障がい者や高齢者等に何の障壁を感じさせないことである。

2. ライフスタイル

　ライフスタイルは，価値観や生活全般に対する態度，行動パターンの総称で，個人が属する家族や集団，行動範囲などに強く影響され，この意味で社会的要因と心理的要因を包含した概念と理解されている[1]。ライフスタイルは，「消費者の生活態度，生活方式」のことであるが，特定の生活パターンと言い換えることができる。この場合，特定の生活パターンをもつ消費者とは，企業が標的として，特定の顧客を選定する上で重要な考慮要因である[2]。

3. 観光イメージ

　イメージは，様々な領域で用いられており，共通性のある明確な定義は存在しないが，一般に像，心像，映像などの言葉があてられており，人間の心の中に描かれる人・事物に関する感覚的映像を意味している[3]。

　観光分野におけるイメージは多くの人々が自由に観光地や観光対象を選択できるようになる段階から重要な意味をもっており，「知識の主観的側面」あるいは「情緒性の強い印象評価」としてのイメージを把握する試みが様々になされている[4]。

　鄭玉姫（2018）は，「観光地イメージは人々が観光地に対して抱くイメージのことである」と述べた[5]。

4. モデルと仮説

　一般観光客と障がいのある観光客との間に如何なる考えの相違があるか，同時にすべての観光客が旅行先のバリアフリーに対して如何なるイメージを抱くかを究明するため，先行研究の各基礎要素を援用して，本章の研究モデルと仮説を構築した。

本章の仮説は次の通りである。

仮説 1 （H1）：個人属性によってライフスタイルが異なる。

仮説 2 （H2）：観光ライフスタイルはいくつかのタイプに分けられる。

仮説 3 （H3）：観光ライフスタイルは，旅行先ハード面のバリアフリーへの
　　　　　　　　イメージに顕著な影響を与える。

仮説 4 （H4）：観光ライフスタイルは，旅行先ソフト面のバリアフリーへの
　　　　　　　　イメージに顕著な影響を与える。

仮説 5 （H5）：観光ライフスタイルは，旅行先心理面のバリアフリーへのイ
　　　　　　　　メージに顕著な影響を与える。

図表 3-1　本論文のモデル

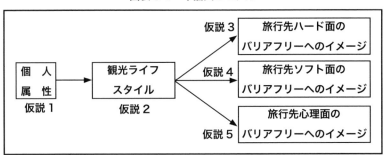

（出所）筆者作成。

5.　アンケート調査

　本章のアンケート調査は，東京，大阪，福岡，鹿児島の 4 か所で，2018 年
11 月から 12 月の期間，健常者，高齢者及び障がい者の旅行できる人を対象
にアンケート調査を実施した。

図表 3-2　日本におけるアンケート調査の配布状況と回収結果

配布場所	配布数	有効回収数	有効回収率
東京	300	248	82.7%
大阪	300	231	77.0%
福岡	300	269	89.7%
鹿児島	300	280	93.3%
合計	1200	1028	85.7%

（出所）アンケートの結果を基に筆者作成。

　調査票の構成は個人の属性，観光ライフスタイル，旅行先ハード面のバリアフリーへのイメージ，旅行先ソフト面のバリアフリーへのイメージ，旅行先心理面のバリアフリーへのイメージ，旅行先選択決定となっている。具体的な項目につき，ライフスタイルは主に観光に関する 17 問を設けた。旅行先への観光バリアフリーへのイメージに関する質問は，「旅行先ハード面のバリアフリーへのイメージ」，「旅行先ソフト面のバリアフリーへのイメージ」，「旅行先心理面のバリアフリーへのイメージ」の 3 つの部分から構成し，17 問を設けた。旅行先の選択決定（意思決定）に関する質問は 6 問作成した。

　アンケート調査票の回答者の特徴は次の通りである。男性が 597 名で全体の 56.2% である。最も多い世代は 40 代で，240 名（全体の 23.3%）を占める。既婚者が 765 名（74.4%）である。「学歴」については「大学」と答えた回答者が最も多く 555 名（54.0%）である。「職業」については会社員が最も多く 701 名（68.2%）である。「月額収入」について，20 〜 30 万円未満者が一番多く，398 名で全体の 38.7% を占める。「世帯人数が 4 人」と答えた回答者が最も多く 303 人（29.5%）を占める。

　さらに，「障がいの有無」について，「障がいなし」と答えた回答者が 980 名で，全体の 95.3% を占め，「障害がある」と答えた回答者が 48 名で，全体の 4.7% である。本章では，「障がいがある」の回答者と「障がいなし」の回答者は，高齢者，妊婦などと同じように観光客として取り扱う。「障がいがある」の回答者については，その基数は極めて少数であった。

6.　仮説の検証

(1) 仮説 H 1：個人属性によってライフスタイルが異なる。

　日本人観光客の個人属性（性別，年齢，婚姻状況，障がいの有無）による観光ライフスタイルの分析は表 3-3 にあるように，個人属性（性別，年齢，婚姻状況，障がいの有無）対観光ライフスタイルの分析では，有意差があることが分かった。

　つまり，個人属性（性別，年齢，婚姻状況，障がいの有無）によってライフスタイルが異なる。その他の 4 つの項目が個人属性による顕著な差異がないことが分かった。本章の仮説 H 1「個人属性によってライフスタイルが異なる。」が部分成立することが分かった。

図表 3-3　個人属性対観光ライフスタイルの分散分析表

個人属性	ライフスタイルの有意差
性別，年齢，婚姻状況，障がいの有無	ある
学歴，職業，月額収入，世帯人数	なし

（出所）アンケートの結果を基に筆者作成。

(2) 仮説 H2：観光ライフスタイルはいくつかのタイプに分けられる。

　因子の回転方法においてはバリマックス法直行回転で分析した。その結果，KMO 値が 0.727 であったので因子分析に適用し，サンプル抽出が適切であることが分かった。また，サンプルは，バートレットの球面性検定の X2 値が 8102.796 であり，有意確率が 0.000 であったので，日本人観光客のデータが正規に分布し，因子分析に適した数値が出ている。そして，バリマックス法直行回転の後，5 つの因子を抽出し，累積寄与率が 68.131% に達した。

図表 3-4　日本人観光客のライフスタイルの KMO 値検定

KMO および Bartlett の検定		
Kaiser-Meyer-Olkin の標本妥当性の測度		.727
Bartlett の球面性検定	近似カイ 2 乗	8102.796
	自由度	136
	有意確率	.000*

（* は p<0.05 有意差がある）

（出所）統計数値に基づき筆者作成。

因子分析の結果，5 つの因子が抽出され，先行研究を援用して因子分析の結果に基づき，それぞれを次のように命名した。

①因子 1：「経済要因」

この因子には 4 つの項目が含まれ，分散寄与率は 31.109％である。因子の負荷量は 0.640 ～ 0.857 の間であった。旅行にかかる費用や，経済力などの問題に関心も持ち，旅行に行くと家族に負担を軽減できないこと，仕事が忙しいこと，などを考えて旅行に行けない観光客である。

②因子 2：「主観要因」

この因子には 4 つの項目が含まれ，分散寄与率は 43.985％である。因子の負荷量は 0.585 ～ 0.762 の間であった。一人旅の不安感，旅行中に他人に迷惑をかけるかどうか，自分の体の具合，旅行中の同伴者はいるかいないか，などを考えて旅行に行くかどうかを考えるグループである。

③因子 3：「情報要因」

この因子には 3 つの項目が含まれ，分散寄与率は 54.496％である。因子の負荷量は 0.664 ～ 0.834 の間であった。旅行先の情報入手や観光客が多いかどうか，などを考えるグループである。

④因子 4：「客観要因」

この因子には 3 つの項目が含まれ，分散寄与率は 61.865％である。因子の負荷量は 0.579 ～ 0.823 の間であった。観光地の物価，過去に不愉快を感じた経験，観光客自身の条件などの客観的なことを考えるグループである。

⑤因子 5：「意識要因」

この因子には 3 つの項目が含まれ，分散寄与率は 68.131％である。因子の
負荷量は 0.6 ～ 0.889 の間であった。このグループの観光客は，旅行先のバ
リアフリーへの態度や観光客自身の旅行への態度を重視している。

図表 3-5　日本人観光客のライフスタイルの因子分析表

項　目	成　分				
回転後の成分行列 [a]	1	2	3	4	5
旅行費用が高い為，旅行に行かないと思う。	.857	-.071	.181	.161	-.029
経済力がない為，旅行に行かないと思う。	.826	-.003	.084	.236	.144
家族にご迷惑をかける為，旅行に行かないと思う。	.710	.373	.196	-.022	-.166
旅行に行く暇がない為，旅行に行かないと思う。	.640	.162	-.147	.004	-.250
一人旅行が不安と感じる為，旅行に行かないと思う。	.239	.762	.298	.102	-.160
旅行に行く際，他人に迷惑をかけると思う。	.216	.679	.046	.222	.083
体の具合が悪い時，旅行に行かないほうがいいと思う。	-.092	.662	.353	.109	.080
旅行に行くことは同伴者が必要だと思う。	-.007	.585	.156	.118	-.244
旅行に関する情報が入手できない為，旅行に行かない。	-.052	.104	.834	.298	-.057
観光客が多い為，旅行に行かないと思う。	.145	.383	.718	.068	-.029
どこに行くか分からない為，旅行に行かないと思う。	.170	.264	.664	.229	.058
旅行先観光地の物価が高い為，旅行に行かないと思う。	.302	.047	.248	.823	-.070
過去に不愉快な旅行経験がある為旅行に行きたくない。	-.029	.351	.175	.778	-.035
旅行が疲れやすい為，旅行に行きたくないと思う。	.217	.206	.442	.579	.092
旅行先の交通の便利さが重要だと思う。	.033	-.127	.087	.021	.889
旅行先のバリアフリー化が重要だと思う。	-.218	.302	-.307	.153	.671
私は旅行が好きである。	-.140	-.341	.098	-.298	.600

因子抽出法：主成分分析
回転法：Kaiser の正規化を伴うバリマックス法
a. 6 回の反復で回転が収束しました。

（出所）統計数値に基づき筆者作成。

上記の分析の通り，本章の H2「観光ライフスタイルはいくつかのタイプに
分けられる。」が成立することを明らかにした。すなわち日本人観光客のライ
フスタイルは，経済要因，主観要因，情報要因，客観要因および意識要因の 5
つのグループに分けることができた。

(3) 仮説 H3：観光ライフスタイルは，旅行先ハード面のバリアフリーへのイメージに顕著な影響を与える。

分解した 5 つのライフスタイルが及ぼすハード面のバリアフリーへの観光イメージ」への影響力を重回帰分析して仮説を検証する。すなわち，観光ライフスタイルの経済要因，主観要因，情報要因，客観要因および意識要因を予測変数とし，旅行先ハード面のバリアフリーへのイメージを従属変数として回帰分析を行った。その結果は図表 3-6 の通りである。

図表 3-6　日本人観光客のライフスタイルが旅行先ハード面のバリアフリーへのイメージに与える影響力分析表

モデル		標準化されていない係数		標準化係数	t 値	有意確率
		B	標準誤差	ベータ		
観光ライフスタイル	（定数）	2.964	.024		121.395	.000***
	経済要因	-.142	.024	-.174	-5.814	.000***
	主観要因	.019	.024	.023	.761	.447
	情報要因	.144	.024	.177	5.898	.000***
	客観要因	.111	.024	.136	4.533	.000***
	意識要因	-.014	.024	-.018	-.590	.555

注：a. 従属変数　ハート面のバリアフリーへの観光イメージ
　　F 値＝ 18.013　R² 値＝ 0.285　　　*** は p<0.001 で有意差がある。

（出所）統計数値に基づき筆者作成。

観光ライフスタイルの 5 つの因子の全体的な結果には，有意差があるが，表 3-6 に示すように回帰分析した結果，経済要因，情報要因，客観要因の 3 つの因子には有意差があることから，観光ライフスタイルの経済要因，情報要因および客観要因は旅行先ハード面のバリアフリーへのイメージに影響を与えることを示した。つまり，サブ仮説の H3-1，H3-3 および H3-4 が成立することを明らかにした。残りの主観要因と意識要因については分析結果に有意差がないので，サブ仮説の H3-2 と H3-5 は不成立である。

図表 3-7 からわかる通り，H3 について部分成立することを明らかにした。

図表 3-7　H3 の検証結果

H3：観光ライフスタイルは，旅行先ハード面のバリアフリーへのイメージに顕著な影響を与える。	○	
H3-1　観光ライフスタイルの経済要因は，旅行先ハード面のバリアフリーへのイメージに顕著な影響を与える。	○	
H3-2　観光ライフスタイルの主観要因は，旅行先ハード面のバリアフリーへのイメージに顕著な影響を与える。	×	△
H3-3　観光ライフスタイルの情報要因は，旅行先ハード面のバリアフリーへのイメージに顕著な影響を与える。	○	
H3-4　観光ライフスタイルの客観要因は，旅行先ハード面のバリアフリーへのイメージに顕著な影響を与える。	○	
H3-5　観光ライフスタイルの意識要因は，旅行先ハード面のバリアフリーへのイメージに顕著な影響を与える。	×	

注：○は成立，×は不成立，△は部分成立。
（出所）統計数値に基づき筆者作成。

(4) 仮説 H4：観光ライフスタイルは，旅行先ソフト面のバリアフリーへのイメージに顕著な影響を与える。

　ライフスタイルが旅行先ソフト面のバリアフリーへのイメージに与える影響力の分析結果は次の通りである。

図表 3-8　日本人観光客のライフスタイルが旅行先ソフト面のバリアフリーへのイメージに与える影響力分析表

モデル		標準化されていない係数		標準化係数	t 値	有意確率
		B	標準誤差	ベータ		
観光ライフスタイル	（定数）	2.565	.024		105.149	.000***
	経済要因	-.173	.024	-.208	-5.814	.000***
	主観要因	.119	.024	.143	.761	.000***
	情報要因	.193	.024	.232	5.898	.000***
	客観要因	-.014	.024	-.017	4.533	.564
	意識要因	.045	.024	-.018	.054	.064

注：a. 従属変数　ソフト面のバリアフリーへの観光イメージ
　　F 値= 27.986　R² 値= 0.347　　*** は p<0.001 で有意差がある。
（出所）統計数値に基づき筆者作成。

　図表 3-8 に示すように，観光ライフスタイルの５つの因子の全体的な結果には有意差があるが，それぞれ回帰分析した結果，経済要因，主観要因，情報要因の３つの因子には有意差があることから，観光ライフスタイルの経済要因，情報要因および客観要因は旅行先ソフト面のバリアフリーへのイメージに影響

を与えることが分かった。つまり，サブ仮説の H4-1，H4-2 および H4-3 は成立することを明らかにした。客観要因と意識要因の分析結果には有意差がないため，サブ仮説の H4-4 と H4-5 は不成立である。

図表 3-9　H4 の検証結果

H4：観光ライフスタイルは，旅行先ソフト面のバリアフリーへのイメージに顕著な影響を与える。	○	
H4-1　観光ライフスタイルの経済要因は，旅行先ソフト面のバリアフリーへのイメージに顕著な影響を与える。	○	
H4-2　観光ライフスタイルの主観要因は，旅行先ソフト面のバリアフリーへのイメージに顕著な影響を与える。	○	△
H4-3　観光ライフスタイルの情報要因は，旅行先ソフト面のバリアフリーへのイメージに顕著な影響を与える。	○	
H4-4　観光ライフスタイルの客観要因は，旅行先ソフト面のバリアフリーへのイメージに顕著な影響を与える。	×	
H4-5　観光ライフスタイルの意識要因は，旅行先ソフト面のバリアフリーへのイメージに顕著な影響を与える。	×	

注：○は成立，×は不成立，△は部分成立。
（出所）統計数値に基づき筆者作成。

上の図表 3-9 からわかる通り，H4 が部分成立することを明らかにした。

（5）仮説 H5：観光ライフスタイルは，旅行先心理面のバリアフリーへのイメージに顕著な影響を与える。

ライフスタイルが旅行先心理面のバリアフリーへのイメージに与える影響を分析した結果は次の通りである。

**図表 3-10　日本人観光客のライフスタイルが旅行先心理面の
バリアフリーへのイメージ**

モデル		標準化されていない係数		標準化係数	t 値	有意確率
		B	標準誤差	ベータ		
観光ライフスタイル	（定数）	3.060	.026		117.386	.000***
	経済要因	-.061	.026	-.702	-2.339	.020
	主観要因	.072	.026	.085	2.779	.000***
	情報要因	.122	.026	.144	4.680	.000***
	客観要因	-.040	.026	-.047	-1.538	.124
	意識要因	.031	.026	-.037	-1.192	.233

注：a. 従属変数　心理面のバリアフリーへの観光イメージ
　　F 値＝ 7.777　R² 値＝ 0.191　　　*** は p<0.001 で有意差がある。
（出所）統計数値に基づき筆者作成。

　観光ライフスタイルの5つの因子の全体的な結果には有意差があるが，それぞれ回帰分析した結果，主観要因と情報要因の2つの因子には有意差があることから，観光ライフスタイルの主観要因と情報要因は旅行先心理面のバリアフリーへのイメージに影響を与えることが分かった。つまり，サブ仮説のH5-2とH5-3が成立することを明らかにした。経済要因，客観要因および意識要因の分析結果には有意差がないので，サブ仮説のH5-1，H5-4およびH5-5は不成立である。

図表 3-11　H5 の検証結果

H5：観光ライフスタイルは，旅行先心理面のバリアフリーへのイメージに顕著な影響を与える。	○	
H5-1　観光ライフスタイルの経済要因は，旅行先ソフト面のバリアフリーへのイメージに顕著な影響を与える。	×	
H5-2　観光ライフスタイルの主観要因は，旅行先ソフト面のバリアフリーへのイメージに顕著な影響を与える。	○	
H5-3　観光ライフスタイルの情報要因は，旅行先ソフト面のバリアフリーへのイメージに顕著な影響を与える。	○	△
H5-4　観光ライフスタイルの客観要因は，旅行先ソフト面のバリアフリーへのイメージに顕著な影響を与える。	×	
H5-5　観光ライフスタイルの意識要因は，旅行先ソフト面のバリアフリーへのイメージに顕著な影響を与える。	×	

注：○は成立，×は不成立，△は部分成立。
（出所）統計数値に基づき筆者作成。

　上の図表3-11からわかる通り，H5が部分成立することを明らかにした。

図表 3-12　日本人観光客の回答による仮説の検証結果

仮説番号	仮説の内容	検証結果
H1	個人属性によってライフスタイルが異なる。	△
H2	観光ライフスタイルはいくつかのタイプに分けられる。	○
H3	観光ライフスタイルは，旅行先ハード面のバリアフリーへのイメージに顕著な影響を与える。	△
H4	観光ライフスタイルは，旅行先ソフト面のバリアフリーへのイメージに顕著な影響を与える。	△
H5	観光ライフスタイルは，旅行先心理面のバリアフリーへのイメージに顕著な影響を与える。	△

注：○は「裏づけられた」，△は「部分的裏付け」，×は「裏づけられなかった」。
（出所）筆者作成。

(6) 仮説の検証のまとめ

分析結果をまとめると図表 3-12 の通りである。

図表 3-12 からわかる通り，H1，H3，H4，H5 が部分成立で，H2 が成立することを検証した。

7. 結 び

本章では，日本人観光客の個人属性による観光ライフスタイルの分析結果から，個人属性（性別，年齢，婚姻状況，障がいの有無）によってライフスタイルが異なることを検証した。日本人観光客のライフスタイルが 5 つの因子（主観要因，経済要因，情報要因，客観要因および意識要因）で構成されていることを検証した。この 5 つの因子の全体的な結果には有意差があるが，観光ライフスタイルの経済要因，情報要因および客観要因は旅行先ハード面のバリアフリーへのイメージに影響を与え，観光ライフスタイルの経済要因，情報要因および客観要因は旅行先ソフト面のバリアフリーへのイメージに影響を与え，観光ライフスタイルの主観要因と情報要因は旅行先心理面のバリアフリーへのイメージに影響を与えることを検証した。

【引用文献】
(1) 長谷政弘（1996），『観光マーケティング』同文舘出版，p.99。
(2) 井上崇通（2012），『消費者行動論』同文舘出版，p.242。
(3) 前田勇（1998），『現代観光学キーワード事典』学文社，p.73。
(4) 同上書，p.73。
(5) 鄭玉姫（2018），「国家イメージが観光地イメージと行動意図に及ぼす影響：日韓大学生を対象として」『立教大学観光学部紀要 (20)』，p.56。

（王 新然）

第4章　教公二法案をめぐる沖縄教職員会と民主党の攻防
——教員の政治的活動の制限への対応を中心に——

【要旨】

　教公二法案とは，「地方教育区公務員法案」と「教育公務員特例法案」から成り，年金制度・結核・産前産後の休暇など教職員の身分を保障するものであった。しかし，教公二法案には「勤務評定の導入」，「政治的行為の制限」，「争議行為の禁止」などが含まれていたので，沖縄教職員会 [1] が当初から一貫して反対姿勢を示していた。なかでも勤務評定は，沖縄教職員会の組合員をランク付けすることになるので，組合員相互の団結に亀裂が入ることを危惧した。また政治的行為の制限には，琉球列島米国民政府（USCAR）による本土復帰運動の抑圧に繋がるとの懸念があった。そうしたことが，沖縄教職員会が教公二法案に反対する大きな理由であった。1966年〜1967年にかけて繰り広げられた教公二法案闘争は，法案の成立を目指す琉球政府や民主党 [2] と，その阻止を目指す沖縄教職員組合などの労働組合・沖縄社会大衆党・沖縄人民党・沖縄社会党に二分した。すなわち，沖縄政治において，初めて保革対立軸が構築されたのである。本闘争によって構築された保革対立軸は，1968年11月の琉球政府行政主席公選に，そのまま持ち込まれていった。

【キーワード】：教育長協会，教公二法案阻止計画，保革対立

1．はじめに

　教公二法案は,立法院や琉球政府中央教育委員会における審議などを通じて,様々な問題点を浮き彫りにした。政治史の観点から着目しなければならないことは，教員の政治的活動の制限が争点になったことと，沖縄政治に，初めて政党間の保革対立軸が構築されたことである。両者の先行研究として，桜澤誠 (2010) [3] が教公二法阻止闘争によって，沖縄政治における保革の対立軸が先鋭化していく過程を詳細に論じている。その中で，沖縄教職員会が「政治的行為の制限」「勤務評定の導入」「争議行為の禁止」に強く反対していたことに触れ，教公二法阻止闘争の流れを通史的に描いている [4]。しかし，民主党との攻防の中で，沖縄教職員会が教公二法案の立法化をどのように阻止したのか。その具体的な内容には触れられていない。

　そこで本章では,教公二法案をめぐる沖縄教職員会と民主党の攻防について，沖縄教職員会の内部資料や琉球政府中央教育委員会の議事録などを紐解きながら，本土復帰運動に向けた教員の政治的活動への対応を中心に論じていく。また，教員の政治的活動の制限が，教公二法案に盛り込まれた要因やその背景についても考察する。

2．沖縄における教育諸制度の整備

(1) 立案の経過 [5]

　沖縄における教育諸制度は，1953 年の教育諸法案（教育基本法,教育委員会法,学校教育法，社会教育法，琉球政府教育公務員法，地方教育公務員法など 14 法案）を皮切りに整備された。同年 8 月には，琉球政府公務員法が施行され，高校教職員は政府公務員としての身分が確立した。一方，地方教育公務員は，将来本土の地方公務員法に包含されるべきものであるとして，1954 年には「教育公務員特例法案」として，新たに琉球政府立や公立の教員も含めることを検討し

た。「教育公務員特例法案」は，教育公務員の職務とその責任（任免，分限，懲戒，服務など）を盛り込んだ内容となっていた。

(2) 審議の過程 [6]

　教公二法案に至るまでの過程は，まず 1953 年 6 月〜 9 月にかけて，中央教育委員会で教育関係諸法案を研究討議したところから始まった。1955 年 5 月には，それまでの研究討議の内容を踏まえ，中央教育委員会において「教育公務員特例法案」として上程審議した。しかし，1955 年 8 月の中央教育委員会で，沖縄教職員会から法案中の政治的活動の制限規定の削除の要請があった。委員会では，沖縄教職員会の要請を受け，政治的活動の制限については，全面制限すべきかまたは区域内制限すべきかで論議が行われた。以後，他の教育関係法案と共に USCAR との調整が行われるようになった。

　次に，教公二法案の立法化の動きは，1956 年から本格化し，「地方教育区公務員法案」と「教育公務員特例法案」の立案研究が行われた。1958 年 3 月には，「地方教育区公務員法案」と「教育公務員特例法案」が中央教育委員会に協議題として上程された。それと同時に，1958 年 4 月〜 1959 年 5 月にかけて，USCAR 教育部と中央教育委員会が教公二法案の内容を調整した。一方，1956 年に琉球政府内政局が立案した市町村公務員法案には，地方教育区が含まれておらず，地方教育区立の小中学校の教員に対する身分保障を別途規定する必要があった。そこで，1959 年に立案されたのが，「地方教育区公務員法案」であった。

(3) 教育長協会の世論調査 [7]

　1959 年 11 月，教育長協会が地方区教育委員 136 人に対して，教公二法案に対する世論調査を行った。その中で，久米島と八重山は未報告であり，糸満は世論調査の対象外であった。調査結果は，1959 年 11 月の中央教育委員会で報告された。

　「地方教育区公務員法案」と「教育公務員特例法案」の調査項目は次の通りで，それぞれ原案賛成，原案反対，不明のいずれかに回答してもらう形式で調査が

実施された。

●地方教育区公務員法案の世論調査項目：①政治的行為の制限，②争議行為
の禁止，③勤務成績の評定，④団体交渉

図表 4-1　地方教育区公務員法案に対する世論調査の結果

	①	②	③	④
原案賛成	82.4%	93.4%	64.7%	88.3%
原案反対	15.4%	2.9%	16.2%	7.3%
不　明	2.2%	3.7%	19.1%	4.4%

（出所）著者不明（1959）「教公二法案に対する世論調査ほか」より筆者作成。

●教育公務員特例法案の世論調査項目：①結核休職満 2 年，②勤務成績の
評定，③職員団体

図表 4-2　教育公務員特例法案に対する世論調査の結果

	①	②	③
原案賛成	92.6%	66.2%	85.3%
原案反対	5.9%	14.7%	8.8%
不明	1.9%	16.1%	5.9%

（出所）著者不明（1959）「教公二法案に対する世論調査ほか」
より筆者作成。

　図表 4-1 と図表 4-2 の世論調査の結果から，教公二法案が地方区教育委員に
支持されていたことが読み取れる。教育長協会の世論調査が行われた時期に着
目すると，沖縄教職員会が 1959 年 4 月に教公二法案の政治的行為の制限，争
議行為の禁止，および勤務成績の評定などの削除を琉球政府に求めた。それに
もかかわらず，教育長協会の地方教育区公務員法案に対する世論調査によれば，
政治的行為の制限や争議行為の禁止に対する賛成が，勤務成績の評定に対する
賛成を大きく上回ったことは注目に値する。また，地方教育区公務員法案に対
する世論調査は，米軍の基地建設に反対する「島ぐるみ闘争」が，沖縄住民の
反米軍意識を結集し，本土復帰運動を醸成させていた時期とも重複する。

　図表 4-1 と図表 4-2 を比較すると，勤務成績の評定に対する世論調査では，
ほぼ類似した結果が得られた。

(4) 沖縄教職員会と琉球政府中央教育委員の意見交換 [8]

　1961 年 12 月 4 日，琉球政府中央教育委員と沖縄教職員会の青年部や校長部などの代表者が，教公二法案で争点となっている「勤務評定の導入」，「政治的行為の制限」，「争議行為の禁止」について意見交換をした。当時の意見交換の内容が記録されている琉球政府中央教育委員会の議事録の中で，重要な意見を抜粋しながら，教公二法案問題の核心を明らかにする。

　①勤務評定の導入

　青 年 部 代 表 A：「教育者の勤務に科学的，客観的妥当な評定ができるものなのか甚だ疑問を持つ」。

　青 年 部 代 表 B：「勤評を実施すれば，教師間に対立的な不和が生じる」。

　中 央 教 育 委 員 A：「教育が時の政権を握るものによって左右される恐れがある」。

　②政治的行為の制限

　青 年 部 代 表 A：「教育基本法第 8 条で，政治的行為については制限されているので，さらに教育区公務員法の中まで制限を設ける必要はない」。

　青 年 部 代 表 B：「沖縄では本土にない制限までも布令で制限している」。

　校 長 部 代 表 G：「教職員の場合には，監督の立場にある校長自身が委員同様中立的立場を守らなければならないから教員が政治的影響を受けることはない」。

　③争議行為の禁止

　中 央 教 育 委 員 G：「教員の争議権を認めるとなれば，その行使の期間は学校の授業は行われないことになるが，児童生徒の教育を受ける権利を守らなくても良いか」。

　青 年 部 代 表 B：「教員が争議行為をしなければならない事態は，教育が破壊されるような緊急，最悪の社会情態に陥ったときであると思う。そのような事態において，生徒の教育を受ける権利

　　　　を守ることと教育全体を守ることとは何れが重大であるか，
　　　　天秤にかけて見ればわかる」。

　①については，為政者の政治的判断によって，組織の団結が乱れることを懸念していたことが窺える。②と③は相互に連関している。10月6日の中央教育委員会において，人事委員長が「法案の趣旨は教育の中立性を守ることにある」と指摘していることからも，沖縄教職員会は，教育の政治的中立性を理由として，規制の範囲が拡大するのではないかと懸念していることが読み取れる。しかし USCAR は，沖縄教職員会の本土復帰運動を反米闘争と見なしていたので，政治的に牽制したい思惑があったのではないだろうか。したがって，教公二法案問題の核心は，米軍統治と沖縄住民の反米軍意識が対立軸の関係にあったのではないかと考える。

3.　教公二法案の阻止行動に向けた流れ

(1)　教公二法案をめぐる攻防

　1960年4月に公立高校が琉球政府立へ移管されると，高校教職員の有給・産休の取扱いが問題となった[9]。沖縄教職員会は10月17日付で「高校教職員の結核休の期間延長と給与の満額支給について」の要請を行い，その中で，教育公務員特例法の早期立法化の促進とともに，その間の暫定措置を講じることを求めた[10]。11月の中央教育委員会は，沖縄教職員会の要請を受けて，琉球政府立高校教職員の有給・産休の救済方法ついて審議した[11]。その結果，中央教育委員会は，教公二法案とは別途に「有休・産休に関する特別措置法案」の立法化を決定した。

　1962年になると中央教育委員会は，教公二法を原案通りに立法院へ送付しようとした[12]。それに対して，沖縄教職員会は1月27日に「教公二法案阻止大会」を開き，勤務評定の導入，政治的活動の制限，および争議行為の禁止などの撤廃を要求した。中央教育委員会は継続審議としたが，1963年1月

21 日，中央教育委員会は原案通りに教公二法案を可決し，立法院文教社会委
員会に付託した⁽¹³⁾。1964 年 4 月 13 日～ 6 月 12 日まで，教公二法案は立法
院文教社会委員会で審議されたが，審議日程や提案理由の論議に長時間を有し，
逐条審議は 5 条で終了した⁽¹⁴⁾。立法院は 8 月まで会期が延長されたが，教公
二法案は審議未了で廃案となった。しばらく教公二法案の審議は鳴りを潜め
たが，1966 年～ 1967 年になると，民主党は突如，立法院文教社会委員会で，
教公二法案の審議を再開した。これに対して，沖縄教職員会は革新三政党（沖
縄社会大衆党・沖縄社会党・沖縄人民党）や他の労働組合と「革新共闘会議」を結
成し，島ぐるみで教公二法案への阻止行動を展開した。民主党は，勤務評定の
実施を削除するまで譲歩する動きを見せたが，政治的活動の制限については譲
歩しなかった⁽¹⁵⁾。

(2) 2.24 事件と政情不安

　1967 年 2 月 1 日の立法院定例会初日には，沖縄教職員会が 10 割年休行使の
請願運動を開始した⁽¹⁶⁾。そうした中，教公二法案の採決予定日であった 2 月
24 日には，沖縄教職員会の教員 2 万人が立法院前に集結した。午前 11 時過ぎ，
教員は立法院の玄関裏口を守る警察官をごぼう抜きしたことで，警備体制が崩
れた。長嶺秋夫立法院議長は事態の深刻さを憂慮して，午前 11 時に本会議の中
止を決定した。それでも教員は引き下がらず，午後 8 時に与野党間で実質的に
教公二法を廃案にする協定書を取り交わすことで，事態の収拾を図った⁽¹⁷⁾。

　しかしながら，民主党は 2 月 24 日の協定事項を一方的に拒否した為，立法院
は約 100 日間も空転した。沖縄住民には政治不信が高まり，社会不安が増大した。
そうした中で，教公二法案は，5 月 8 日の立法院各会派交渉会で，予算案・重
要法案等が成立した後に，与野党間で協議することになった⁽¹⁸⁾。しかし，民主
党が定例会の会期中に教公二法案を成立させるという既定路線を堅持しており，
いつ教公二法案が強行採決されるのか予断を許せない情勢に置かれていた⁽¹⁹⁾。

(3) 沖縄教職員会が教公二法案に反対した理由

　沖縄教職員会は小中学校教職員の身分を安定化させる必要性から，教公二法案の立法化に当初は積極的な立場を取っていた。しかし，教公二法案への反対に変化した理由を屋良朝苗会長は大きく２つ挙げている。

　まず，教公二法案の狙いについて，「教育公務員の身分保障をする一方で，政治活動の制限，争議行為の禁止，および勤務評定の実施などを規定することで，教職員の活動に制約を加えようとしている」[20]と指摘している。逆に，教公二法案の趣旨を教職員の身分保障に限定していれば，教公二法案に賛成する余地があったと言える。

　もう一つは，沖縄が異民族支配下に置かれているという特殊事情への政治的配慮がなされていないことであった[21]。つまり，屋良は本土復帰運動がUSCAR によって抑圧される可能性を懸念したのである。

4.　保革対立の先鋭化

(1) 革新共闘会議の教公二法案阻止計画 [22]

　革新共闘会議は，1967 年 7 月 18 日の幹事会で，教公二法案の阻止方針や行動計画を定めた「阻止計画」を正式決定した。阻止計画では，教公二法案をめぐる情勢判断について，民主党が党運をかけて立法院の 1967 年定例会会期中の成立を意図していると指摘している。その根拠として，与党民主党が「政治的行為の制限」と「争議行為の禁止」について依然態度を変えていないことや，法案調整のための文教社会委員会で 7 月 20 日頃から審議を開始し会期末の 8 月 7 日～8 日頃に強行採決をしようと目論んでいることを挙げた。さらに，立法促進協・警察・右翼が革新共闘会議に攻勢をかけてくるのではないかとも予想していた。そうした教公二法案をめぐる情勢判断を踏まえて，以下のような阻止方針と行動計画が定められた。

　①阻止方針
　・審議未了にして廃案にするより立法院の内外で阻止行動を起こす。

・審議開始を遅らせるために，予算やその他の法案審議で引き延ばす。
・審議開始の前後から立法院への請願行動を行い，地域共闘会議の結成をはじめ世論喚起をはかる。
・最終段階において最大動員をもって阻止する。

②行動計画

・7月19日〜30日まで，予算獲得運動（日曜を除く）を行う。運動には，へき地連，特殊教育振興会，定時制教育振興会，私学連，幼稚園協会，養護教諭会，学校雇用員協が参加した。

・文教社会委員会の審議開始日から立法院に対する請願行動を行う。教公二法案の廃案を，立法院議長，文教社会委員長とその出席議員，および民主党に要求した。こうした請願行動は，市町村連合分会ごとに行った。

　革新共闘会議が「教公二法案阻止計画」を決定した背景には，予算獲得運動や請願行動などの実力行使を通して，教公二法案を廃案へ持ち込もうとしていたことが読み取れる。

(2) 地域共闘会議の結成 [23]

　革新共闘会議が，未組織の市町村に対して，1967年7月28日〜8月5日までに地域共闘会議の結成を呼び掛けた。地域共闘会議は，市町村内にある各種団体（沖縄教職員会・自治労・官公労・港運労・新婦人の会・民青・喜屋武土地守る会など）や政党（沖縄人民党・沖縄社会党）の代表者を集めて結成され，活動経費は構成団体員が負担した。こうして結成された地域共闘会議には，以下の活動スローガンが掲げられた。

・沖縄県民の政治的自由，団体行動権を奪う教公二法案を阻止する。
・軍国主義教育の復活に反対し，不当な権力から教育の自主性を守る。
・学校現場を暗くし，子供を不幸にする勤務評定に反対する。
・祖国復帰，平和を求める県民大衆を弾圧しようとする教公二法案を粉砕する。
・多数の暴力で県民世論を抑え，強行採決しようとする民主党を絶対に許さ

ない。

・ 選挙民との公約を裏切った浜端春栄議員を直ちに辞職させる。

・ 米国の植民地支配を強化し，教育を根本から破壊する教公二法案に反対する。

・ 立法院は喜屋武，昆布の新規土地接収や米軍の発砲事件，犯罪などの解決に
　当たれ。

・ 教公二法案の立法より，教育費の父兄負担を軽減し，進学難や校舎不足を解
　消せよ。

　地域共闘会議の活動スローガンからは，教公二法案が民主主義を守り抜くための闘争と位置付けていることが窺える。沖縄住民は，米軍の事件・事故や基地建設のための強制土地収用が発生しても，為す術のない状況に置かれていた。そうした状況が，沖縄住民の反米軍意識となって表面化し，本土復帰運動を後押しした。また，教公二法案に「政治的活動の制限」や「争議行為の禁止」という文言が盛り込まれていたことで，本土復帰運動が抑圧されるのではないかと言う疑念が生じた。さらに，民主党が教公二法案を成立させる為に，革新系の浜端春栄議員を寝返らせた。そこまでしても，民主党は教公二法案を成立させることができなかった。こうしたなりふり構わぬ行動は，保革の対立を益々勢いづかせる要因となった。

5. 結　び

　教公二法案をめぐる沖縄教職員会と民主党の攻防について，政治的活動の制限への対応を中心に論じてきた。以下に，教公二法案阻止闘争が及ぼした影響について触れることとしたい。

　まず，政治的活動の制限に対する解釈について，民主党は政治的中立性を守ることを強調しているのに対して，沖縄教職員会は本土復帰運動への抑圧と捉えており，解釈に大きな隔たりが存在する。

　次に，教公二法案阻止闘争がその後の島ぐるみ運動に影響を及ぼした。激しい反米軍闘争で，基地の維持に不安感を抱いた米国政府は，USCAR のアン

ガー高等弁務官に琉球政府行政主席公選を発表させた。そうしたことから，教公二法案の阻止闘争が民主主義を勝ち取った闘争の原点と捉えてもよいのではないだろうか。

【引用文献・脚注】
(1) 沖縄教職員会は，教職員の労働組合組織で，本土復帰運動の旗振り役となった。
(2) 民主党は，親米協調路線に立ち，野党の沖縄社会大衆党や沖縄人民党と立法院で対決姿勢を顕にした。
(3) 桜澤誠（2010），「戦後沖縄における保革対立軸の成立と「島ぐるみ」運動——教公二法問題を中心に——」『年報政治学（日本政治学会)』，2010-Ⅱ，pp.255-277。
(4) 同上。
(5) 琉球政府文教局（1966），「教公二法資料」（沖縄県公文書館所蔵，資料コード：R00162618B）。
(6) 同上。
(7) 著者不明（1959），「教公二法案に対する世論調査ほか」（読谷村史編集室所蔵）。
(8) 同上。
(9) 琉球政府文教局（1966），前掲資料。
(10) 同上。
(11) 同上。
(12) 屋良朝苗（1977），『屋良朝苗回顧録』，朝日新聞社，p.82。
(13) 屋良朝苗（1968），『沖縄教職員会16年——祖国復帰・日本国民としての教育をめざして——』，労働旬報社，pp.255-256。
(14) 琉球政府文教局（1966），前掲資料。
(15) 屋良朝苗（1977），前掲書，p.82。
(16) 屋良（1968），『沖縄教職員会16年』，pp.265-268。
(17) 同上。
(18) 沖縄教職員会（1967），「青年部記録」（読谷村史編集室所蔵）。
(19) 同上。
(20) 屋良（1977），前掲書，p.80。
(21) 沖縄教職員会（1967），「教公二法の問題について全父兄に訴える」（読谷村史編集室所蔵）。
(22) 沖縄教職員会（1967），前掲資料。
(23) 同上。

（村岡敬明）

第5章　日本人観光消費者のライフスタイルと サービスの差別化への知覚の関連性

【要旨】

　本章では，観光消費者のライフスタイルとサービスの差別化への知覚の関連性を明らかにするため，日本人観光消費者を対象にアンケート調査を実施した。合計1215部のアンケート調査票を配布し，1074部回収し，961部の有効回答数（有効回答率は89.5％）を得た。

　統計分析の結果から，「日本人観光消費者のライフスタイルはサービスの差別化への知覚との間に顕著な相関関係があり，サービスの差別化への知覚に顕著な影響を与えること」を検証できた。

【キーワード】：観光消費者，ライフスタイル，サービスの差別化への知覚

1.　はじめに

　消費者向け，企業向けの事業を問わず様々な業界・業態で顧客満足重視の経営が意識されるようになっている。特に，成熟市場においては製品・サービスの同質化が進みつつある中で，確かなCS（顧客満足）を与えられることが他社との差別化要因の一つとなり得る。また，CSを高めることで自社が提供する製品・サービスに対するロイヤリティを向上させて顧客を囲い込み収益を確保するというロジックは合理的である。

　一連の消費・購買プロセスにおいて，顧客が感じる"満足"には様々な要因が挙げられる。満足要因は，「基本要因」と「差別化要因」に大別することが

できる。「基本要因」とは，顧客が満足を実感していてもその満足度は一定の水準以上には高まらないが，逆に実感していない場合には直ちに"不満足"状態となり，顧客離れに繋がるものである。

2. ライフスタイルの概念

　ライフスタイルの概念は，本来，主としてアメリカの社会学の研究者たちの間で，通常，社会階層ないしは社会的地位との関連において取りあげられ用いられてきた概念である。Weber（1905）は社会階層を理解するためには，生産手段や財の所有といった経済的側面からのみで理解するのは不十分であり，社会階層の財の消費や教育方法，価値観や生活態度としての側面から，「階層の内部で共有された複合的なパターン」をライフスタイルと呼んだ[1]。また，Duncan（1969）によれば，「スタイル」とはそれを表示する行為者にとって「主観的意味」をもつばかりではなく，そのスタイルが共有されている準拠集団にとっても「客観的意味」をもつ表現や様式である[2]。

　マーケティングの研究領域の中にライフスタイルの概念が本格的に導入されるようになったのは，1963年のAMAの冬季大会において，「ライフスタイルの影響と市場行動」をテーマにしたシンポジウムが開催されたことが，1つの契機と言われてきた。そのシンポジウムの中で，ライフスタイル論の第一人者であるLazer（1963），Levy（1963），Moore（1963）の3人の報告者たちが，ライフスタイルの概念について次のような定義づけをした。マーケティングの研究領域の中でいち早くライフスタイルの概念を提唱したLazer（1963）は「ライフスタイルとは，ある種の文化もしくは集団の生活様式を他の文化や集団の生活様式から識別するような特有な構成要素，もしくは性質と関係している。そして，ライフスタイルは1つの社会における生活の動学から発達し，現れるパターンとして具体化される。」[3]と述べている。

　これに対し，Levy（1963）は社会レベルや集団レベルのライフスタイルではなく，特に「個人のライフスタイル」について取り上げ，「消費者は，自分

自身を主張するために表現したいくつかの種類のライフスタイルを持っている。ライフスタイルとは，多くの生活資源の組み合わせや個々の活動が暗示している下位シンボルから合成された大きな複合シンボルであり，個人のライフスタイルは生活空間の認知や利用の特徴的なパターンと密接に関連している。つまり，個人のライフスタイルは体系的にこれらの価値観との一致の中で対象と出来事を処理するための働きをする」[4]と述べている。また，Moore（1963）は製品計画と製品開発の観点からライフスタイル研究の重要性を指摘し，「ライフスタイルとは，家族成員がさまざまな製品や出来事，資源に合うように基づいて作られた生活様式を示唆する。そして，ライフスタイルは消費購買が相互に関係のある現象であり，ライフスタイルに基づいて作られた現象である。そのため，消費者が製品を買うのは『ライフスタイル・パッケージ』の中身を満たすためである」[5]と述べている。このように 1963 年の AMA のシンポジウムにおいては，3 人の報告者たちがそれぞれ異なったレベルでライフスタイル概念の定義づけを試みた。

　さらに，井関（1978）は「ライフスタイルとは，生活者が (1) 生活の維持と発展のための『生活課題』を解決し，充足する過程で，(2) 自らの独自な欲求性向から動機づけられ，(3) 自らの価値態度，信条，生活目標，生活設計によって方向づけられ，(4) 外社会（企業, 政府, 地域社会など）が供給する財・サービス，情報，機会を選択的に採用，活用して，(5) 社会・文化的な制度的枠組みからの制約の中で，(6) 日々，週，月，年あるいは一生のサイクルを通して，主体的に設計し，発展させていく，(7) 生活意識，生活構造，生活行動の 3 つの次元を含むパターン化されたシステムである。」[6]と定義している。

3.　サービスの差別化

　「差別化要因」は，それを顧客が実感していることで，“他社には真似できない”や“他社よりも二歩も三歩も抜きん出ている”などが自社の差別化の源泉となっており，ゆえに，“顧客は他社ではなく自社を選ぶ”理由になり得る

ものである。これらは，単にサービス（製品）の質が良いとか，接客の技術が高いとか，利便性が高い云々という次元の話ではない。それらを通じて顧客にどのような恩恵をもたらしているのか（顧客のどのような問題を解決しているのか）という，「顧客への提供価値」を顧客接点の場で具現化したものであり，満足から"共感"へと変わっていく要因である。

　具体的なやり方にはつぎの2つがある。

(1) コールセンター

　コールセンターは，顧客からの問合せに対して電話対応する専門部署である。従来は単純な注文の受付や苦情の対応が主な業務であったが，近年ナンバーディスプレイの本格化やCTI技術によるコンピュータと電話の連動，顧客データベースの整備などによって，CRMの要として戦略的な意義が高まっている。

　コールセンターの業務は，顧客からの電話を受ける「インバウンド」と，企業からセールスなどの電話をかける「アウトバウンド」の二つに大別できる。コールセンターは，PBXやCTIサーバ機，オペレータ用端末などを持ち，FAX処理や音声応答装置による無人応答（IVR）などの機能を持つことが多い。IVRシステムを導入すればオペレータの負担を減らせるなどのメリットも挙げられるが，利用する顧客からは不満の声もあるので，IVRシステムに全面的に頼るのではなく，オペレータとバランスをとることで利便性や細かい応対などができ，顧客満足向上につながる。コールセンターには電話対応だけではなく，その結果を基にしたデータベースの作成・メンテナンスなど，マーケティング戦略上からの関心も高まっている。

　コールセンターは顧客との接点であり，顧客の声を聞くためにオペレータが顧客とコミュニケーションを深めることも大切となる。

(2) ポイントカードについて

　企業がポイントシステムを導入することの最大のメリットは，顧客一人ひとりの購買実績はもちろん，住所・性別・年齢・職業などの属性が入手・蓄積・

分析できることである。当初は，「顧客の囲い込み」や「他社との競争優位性の確保」といった狙いで導入する企業が多かったが，導入企業が増えるにつれ，ポイントそのものによる差別化が困難になり，次第に単なるディスカウントツールと化してしまった。また，提供したポイント分だけコスト高となりそのシステムの維持に苦しむ企業が増えた。こうした状況から脱却するため，優良顧客の維持・拡大，さらには一般顧客を優良顧客へと引き上げるためのツールとして，これを戦略的に活用する企業が増えてきている。

　また，IT の進展に伴い，ポイントシステムの問題点は徐々に解決されつつある。その一つが「会員制ポイント交換サービス」（複数の企業のポイントサービスで獲得したポイントをひとつにまとめ，そのうちの1社のポイントサービスのポイントや電子マネーなどに交換できるというもの）である。特にeコマースでは，ほとんどの企業がポイント交換サービスを導入している。TSUTAYA に代表されるように，ローソンやニッポンレンタカー，ANA といった異業種と提携し，利便性を向上させることで，生活者のメインカードとして選ばれるための施策を打ち出しているところもある。また，「おサイフケータイ」であるiモードFeliCa の登場により，複数枚に分かれていたポイントカードを特定の携帯端末に統合できることで，ポイントシステムの利便性が向上しつつある。また，電子マネーで支払うことで，蓄積したポイントを電子マネーに転換できることも大きなメリットである。

　ポイントの蓄積・交換を容易にするというこうした企業サイドの動きは，「共用できない」という不満を持っていた顧客の利便性を高めることにつながる。

　ポイントカードシステムについては，このシステムを導入している企業が多い中で，他社と差別化することが重要になってくる。ポイントカードは，ポイントを還元できる割引ツールだけでなく，顧客情報を把握し，顧客管理ツールとなり，顧客情報を上手く扱うことで顧客との関係性の向上につながる。その中でも，顧客をセグメントすることで，より顧客一人ひとりに合ったサービスが提供できれば顧客満足度も高められる。

4. 分析モデルと研究仮説の設定

(1) 分析モデル

　本章では，日本人観光消費者のライフスタイルとサービスの差別化への知覚との関係を分析する。分析モデルは先行文献を参考にして作成した。図表 5-1 に示す通りである。

図表 5-1　本研究の分析モデル

（出所）筆者作成。

(2) 研究仮説

　仮説 H1：個人属性が違えば，ライフスタイルが異なる。

　仮説 H2：日本人観光消費者のライフスタイルとサービスの差別化への知覚
　　　　　には明らかな相関関係がある。

　仮説 H3：日本人観光消費者のライフスタイルはサービスの差別化への知覚
　　　　　に影響を与える。

5. アンケート調査の概要

　日本では，2018 年 9 月から 12 月にかけて 1215 部のアンケート調査票を配布した。その結果，回収数は 1074 部（回収率は 88.4%）である。回収した調査票のうち有効数は 961 部，（有効率は 89.5%）である。図表 5-2 に示す通りである。

図表 5-2　アンケート調査票の回収状況

地域	配布数	回収数	無効数	有効数	有効回答率
東京	405	356	37	319	89.6%
大阪	405	348	41	307	88.2%
鹿児島	405	370	35	335	90.5%
合計	1215	1074	113	961	89.5%

（出所）筆者作成。

6.　アンケート調査の統計分析の結果

(1) 日本人観光者の個人属性

　アンケート調査に回答した日本人観光消費者で最も多いのは「女性」(62.0%)，「60代以上」(40.2%)，「既婚」(60.0%)である。職業は「会社員」(29.8%)が最も多く，月収は「10万円－20万円未満」が最も多く，学歴は「高校以下」(40.0%) が最も多く，世帯人数は「1人」(34.0%) が最も多い。

(2) 日本人観光消費者の差異検定

　本章の研究課題の一つは，日本人観光消費者の個人属性が違えば，ライフスタイルも異なるという仮説を検証することである。○は，差異がある（有意確率p値は，p <0.05；p <0.01；p <0.001の条件に達する）。空白は差異がない（有意確率p値は，p <0.05；p <0.01；p <0.001の条件に達しない）。図表 5-3 は仮説

図表 5-3　日本人観光消費者の個人属性とライフスタイルについての T 検定と ANOVA 分析の結果

項目	日本人観光消費者	
	ライフスタイル	p 値（有意確率）
1. 性　　別	○	0.000*** （ライフスタイル）
2. 年　　齢	○	0.000*** （ライフスタイル）
3. 職　　業	○	0.000*** （ライフスタイル）
4. 婚姻状況	○	0.000*** （ライフスタイル）
5. 月 収 入	○	0.000*** （ライフスタイル）
6. 学　　歴		0.24
7. 世帯人数		0.46

* 注：○（差異があり），空白（差異がなし），*** 表示 p < 0.001。
（出所）筆者作成。

検証の結果を示している。

T検定やANOVA分析（一元配置分散分析）の結果，学歴と世帯人数によってライフスタイルに有意差はないが，性別，年齢，職業，婚姻状況，月収入などによってライフスタイルに有意差があることが分かった。したがって，H1の仮説は部分成立した。

(3) ライフスタイルについての因子分析の結果

ライフスタイルについての因子分析の結果によると，主因子法でカイザーのルールに基づいて固有値が1を超える共通因子を残し，直交回転によって，比較的はっきりした因子負荷の要素を生む。まずKMO値は0.684で，サンプル抽出が適切であったことを示している。それ以外にバートネットの球面性検定のカイ二乗値は255.829***（p = 0.00<0.001）と因子分析に適した数値が出ている（図表5-4）。軸回転の後5つの因子項目が抽出され，信頼度分析を用いてそれぞれの信頼度が規定範囲の中にあるため（クロンバックα値は0.684），累積寄与率は71.01％に達した。本章では，ライフスタイル理論に基づき，5つの因子項目をそれぞれ「熟考」，「好み優先」，「自由」，「流行」，「安全性」と命名する（図表5-5）。

(4) 日本人観光消費者のライフスタイルとサービスの差別化への知覚の相関 分析結果

本章ではピアソンの相関分析を利用して日本人観光消費者のライフスタイルとサービスの差別化への知覚の相関性を検定した。その結果は図表5-7に示す通りである。両者の間には，関連性が見られた（p <.001***）。そして，相関係数の値が0.7以上で，H2の仮説は成立した。

図表 5-4　日本観光消費者のライフスタイルの KMO 値検定

KMO および Bartlett の検定

Kaiser-Meyer-Olkin の標本妥当性の測度		.684
Bartlett の球面性検定	近似カイ2乗	255.829
	自由度	91
	有意確率	.000***

表示 p <.001***
（出所）筆者作成。

図表 5-5　ライフスタイルについての因子分析の結果

回転後の因子行列 a

	因子					備考
	1	2	3	4	5	
新しいホテルを利用することが好きだ。	.645	.008	-.046	.323	-.497	因子1 熟考
観光ホテルを選択するとき，評判が高い観光ホテルを選ぶ。	.751	.067	.163	.157	.171	
その場所ならではの文化が感じられる宿に泊まりたい。	.663	.574	.022	.083	.149	
自国や友人，家族の間で話題になっている観光ホテルに行きたい。	.587	.406	.224	.236	-.008	
時間をかけて，十分に旅行計画を準備する。	.757	.311	.052	.119	.192	
インターネットを通して観光ホテルを選んだ経験がある。	.697	-.253	.285	-.054	.185	
価格重視で安いものを選んでいる。	-.025	.826	.023	.073	-.119	因子2 好み優先
経済的な豊かさよりも心の豊かさを重視する。	.283	.680	.086	-.198	.429	
私はよく旅行に出かける。	.134	.453	.519	.200	-.060	因子3 自由
1人旅がよいと思う。	.321	-.161	.769	-.054	-.168	
あまり計画を立てず行き当たりばったりで旅行をしたい。	.010	.159	.695	.160	.174	
立地がいい観光ホテルを選ぶ。	.014	.058	.344	.814	-.008	因子4 流行
内装がきれいな観光ホテルを選ぶ。	.427	.022	-.101	.791	.121	
固有値	4.602	1.672	1.433	1.226	1.014	
分散寄与率	23.646	14.757	11.745	11.686	9.217	
累積寄与率	23.646	38.402	50.147	61.833	71.014	

（出所）筆者作成。

図表 5-6　相関係数の強さ－ 1 ≦ r ≦ 1

r	意味	表現方法
0	相関なし	まったく相関はみられなかった
0 <	r	≦ 0.2	ほとんど相関なし	ほとんど相関がみられなかった
0.2 <	r	≦ 0.4	低い相関あり	低い正（負）の相関が認められた
0.4 <	r	≦ 0.7	相関あり	正（負）の相関が認められた
0.7 <	r	< 1.0	高い相関あり	高い正（負）の相関が認められた
1.0 または -1.0	完全な相関	完全な正（負）の相関が認められた

（出所）筆者作成。

図表 5-7　日本人観光消費者のライフスタイルとサービスの差別化への知覚の相関分析の結果

		ライフスタイルグループ	サービスの差別化への知覚グループ
ライフスタイルグループ	Pearson　相関	1	0.78***
	有意確率（両側）		.000
サービスの差別化への知覚グループ	Pearson　相関	0.78***	1
	有意確率（両側）	.000	

（出所）筆者作成。

(5) 日本人観光消費者のライフスタイルがサービスの差別化への知覚に与える影響力分析の結果

　日本人観光消費者のライフスタイルがサービスの差別化への知覚に与える影響力分析の結果は図表 5-8 の通りである。R^2 は 0.774，回帰モデルの F 値は 19.068，p 値＝ 0.000 となり，ライフスタイルの予測変数がサービスの差別化への知覚について説明できる寄与率は 77.4％に達し，かなりの程度の説明力を有している。また，各ファセットの VIF 値が 10 未満であり，独立変数間

図表 5-8　日本人観光消費者のライフスタイルがサービスの差別化への知覚に与える影響力分析の結果

依存変数：サービスの差別化への知覚				
独立変数 B 予測値	非標準化回帰係数	t 値	p 値	VIF
（定数）	2.926	16.46	0.000***	
ライフスタイル	0.398	2.858	0.000***	1.482

注：F 値＝ 19.068,R^2 値＝ 0.774,*** は p<0.001 で有意差がある。
（出所）筆者作成。

に明らかな共線性がないことを示している。その結果, ライフスタイルは, サービスの差別化への知覚に対して正の影響を与えている。したがって, 仮説 H3 が成立することがわかる。

(6) 仮説検証の結果

図表 5-9 仮説検証の結果

研究仮説	仮説検証の結果
H1：日本人観光消費者の個人属性が違えば, ライフスタイルが異なる。	△
H2：日本人観光消費者のライフスタイルとサービスの差別化への知覚には明らかな相関関係がある。	○
H3：日本人観光消費者のライフスタイルはサービスの差別化への知覚に影響を与える。	○

注)○：成立　　△：部分成立　　×：不成立
(出所) 筆者作成。

7.　結　び

　日本人観光消費者の個人属性について, T 検定と ANOVA 分析をした結果から,「学歴」,「世帯人数」を除くと, 個人属性が違えば, ライフスタイルが有意に異なることが判明した。したがって, 仮説 1 は部分成立することになった。

　本章では, ピアソン相関分析により, 日本人観光消費者のライフスタイルとサービスの差別化への知覚の関連性を分析した結果, 顕著な関連性が見られた ($p <.001***$)。そして, 相関係数の値が 0.7 以上の範囲にあるので, H2 の仮説は成立することになった。

　回帰分析も結果により, F 値＝ 19.068, R^2 値＝ 0.774, 有意確率 p は 0.000 と 1% 水準で有意であった。日本人観光消費者のライフスタイルがサービスの差別化への知覚に対して影響力があることが分かった。したがって, H3 の仮説は成立することになった。

　本章の成果の一つはライフスタイルがサービスの差別化への知覚に及ぼす影響を実証したことである。サービスの高付加価値化や差別化など, レベルの高

いおもてなしを実現するには，経営理念を共有し，顧客のみならず地域や従業員に対する施策も必要となる。他社では取り揃えていないサービスや差別化サービス展開を行って，顧客を吸引して，競争優位を確保すれば，顧客満足度の高い事業になる。顧客満足には複数の影響要因が存在するので，複数の要因に対するライフスタイルの影響を分析する課題が残っている。

【引用文献】

(1) Weber, M.(1905), *Die protestantische Ethik und der Geist*, "des Kapitalismus, in: Archiv für Sozialwissenschaft und Sozialpolitik," Band, p.20.

(2) Duncan, H.D. (1969), *Symbols and Social Theory*, Oxford Univ. Press. N.Y., pp.32-35.

(3) Lazer, W.(1963), "Life Style Concepts and Marketing," in S. A. Greyser, ed., *Toward Scientific Marketing*, AMA, pp.130-131.

(4) Levy, S. J.(1963), "Symbolism and LifeStyle" in S. A. Greyser, ed., *Toward Scientific Marketing*, AMA, pp.140-141.

(5) Moore, D. G.(1963), "Life Style in mobile Surburbia, " in S. A. Greyser, ed., *Toward Scientific Marketing*, AMA, pp.150-151.

(6) 井関利明 (1978)，「消費者ライフスタイル理論」，『季刊消費と流通』vol.2, No.2, p.99。

（李 蹊・原口俊道）

第6章　中国瀋陽における観光消費者購買行動への影響要因

【要旨】

　中国瀋陽では観光消費者購買行動への影響要因を定量的に分析した研究はほとんどなかった。本章では中国瀋陽の観光消費者を対象としてアンケート調査を行い，300部を配布し，282部の有効回答（有効回答率は94％）を得た。

　本章では，観光消費者購買行動モデルを構築し，観光消費者購買行動に影響を与える重要な変数として，内部要因，外部要因及び経験要因の3つを取り上げ，仮説を検証した。本分析の結果，経験要因が観光消費者購買行動に顕著な影響を与えることが分かった。そして，内部要因（動機，態度，学習）の中では「態度」が，外部要因（サービス，コミュニケーション）の中では「サービス」が，観光消費者購買行動に顕著な影響を与えることが分かった。

【キーワード】：観光，購買行動，観光消費者購買行動モデル

1.　はじめに

　中国観光研究院は「2017年中国海外旅行ビッグデータ報告」を発表した。報告によると，2017年に海外旅行をした中国人は延べ1億3,051万人，前年比7.0％増加した。中国は世界トップの観光客の送り出し国としての座を維持した。2017年，中国人の海外旅行における消費総額は，2016年比5％増の1,152億9千万ドル（約12兆3千億円）に達した[1]。最近，中国瀋陽においても海外旅行をする人口が増加傾向を示している。

　観光消費者購買行動は様々な要因の影響を受ける。観光消費者購買行動に影響を与えるすべての要因を把握するためには，観光消費者購買行動への影響要因を定量的に分析・研究する必要がある。

　本章では中国瀋陽における観光消費者購買行動への影響要因を定量的に分析する。

2. 観光消費者行動に関する先行研究と研究課題の抽出

(1) 観光消費者行動に関する先行研究

　観光消費者行動に関する先行研究として，以下の5つの研究をあげることができる。

① Engel, Blackwell & Miniard（1995）の研究 [2]

　彼らは消費者の意思決定過程概念モデルにおいて，商品を購買する消費者の意思決定プロセスを検討した。彼らは観光地での観光消費者購買行動を消費者購買行動の一種とみなし，購買意思決定プロセスを用いてリピート行動モデルの提示を試みた。彼らによれば，観光消費者購買行動は，一般の製品やサービスの消費者購買行動と類似しているので，消費者は購買にいたる多くの段階をプロセスに沿って移動するという。

②佐々木土師二（2000）の研究 [3]

　佐々木によれば，旅行者モチベーションとは，人が旅行者になる場合の，また旅行者として行動する場合の動機づけであり，発動要因と誘引要因という2組の要因が含まれるという。佐々木は，旅行者の属性と旅行動機（発動要因）が旅行先の特徴と相互作用して旅行先選択のための知名集合が成立し，そこから個人的な制約要因（constraints）を考慮したうえで考慮集合へと発展し，旅行先選択に至ると主張している。

③ Oh, J.Y. ら（2004）の研究 [4]

　彼らは観光客の購買行動には，日常の商品購買と比較し，以下の3つの特殊な要素があることを指摘している。

1）観光は，日常から離れるため責任感が低下し，理性的でない購買行動を
とる可能性があること。

2）観光地の独特な環境が観光消費者に刺激を与えること。

3）旅行者が購買する土産物（souvenirs）には，旅行場所を象徴し，記憶さ
せるという効果があること，また他者との関係を維持するために用いられ
ること。

④辻本法子ら（2013）の研究 [5]

辻本らによれば，観光土産の評価基準は商品の見た目や機能性に関する外的
特性と，場所の象徴性や，他者との関係性維持に関する内的な特性とからなる
と仮定し，複数の評価基準を設定している。

⑤有馬貴之ら（2014）の研究 [6]

有馬らは箱根湯本における外国人旅行者の観光土産の購買行動，土産物店・
宿泊施設のサービスやコミュニケーションの状況等について調査した結果，ア
ジア系と欧米系の旅行者を比較すると両者に購買行動や関心のある商品カテゴ
リに差異があり，欧米系の旅行者は工芸品や雑貨に興味を示すとしている。ま
た，アジア系の旅行者は試食などを積極的に行い，日本人旅行者の購買行動と
の間に類似性が見られたとしている。

(2) 先行研究の問題点

以上，観光消費者行動に関する5つの先行研究を要約紹介した。これらの
研究を整理してみて，3つの問題点があることが判明した。

第一に，観光消費者購買行動への影響要因に関する研究が少ないこと。

第二に，観光消費者購買行動への影響要因として経験要因を挙げる研究が少
ないこと。

第三に，中国瀋陽における観光消費者購買行動への影響要因に関する定量的
な研究がほとんどないこと。

(3) 研究課題の設定

　本章では観光消費者購買行動モデルを構築し，観光消費者購買行動に影響を与える重要な変数として，内部要因，外部要因及び経験要因の3つを取り上げ，「観光消費者購買行動に顕著な影響を及ぼす要因を解明すること」を研究課題として設定する。ここでいう内部要因は Push 要因に相当し，外部要因は Pull 要因に相当する。経験要因は旅行先での経験・評価である。

3. 研究方法と分析モデル

(1) 研究方法

　本章研究方法は定量的研究である。瀋陽の観光消費者を対象とした購買行動への影響要因に関する実証的研究である。研究を厳密に行うために，本章ではアンケートを二段階に分けて実施した。第一段階は 2018 年の 1 月（調査場所：瀋陽）のプレアンケートで各項目の信頼度をチェックし，続いて 2018 年 2 月から 4 月にかけて 300 枚のアンケート調査票を配布し（調査場所：瀋陽），正式なアンケート調査を行った。収集したデータを SPSS の統計ソフトで解析した。最終的に有効なサンプル数は 282 枚，有効な回収率は 94％であった。

(2) 分析モデルと研究仮説

　関連文献に基づき，分析モデルを構築し，6 つの仮説を設定した。

　　H1：個人属性が違えば，内部要因が異なる。

　　H2：個人属性が違えば，外部要因が異なる。

　　H3：個人属性が違えば，経験要因が異なる。

　　H4：内部要因は観光消費者購買行動に顕著な影響を与える。

　　H5：外部要因は観光消費者購買行動に顕著な影響を与える。

　　H6：経験要因は観光消費者購買行動に顕著な影響を与える。

図表 6-1 分析モデル

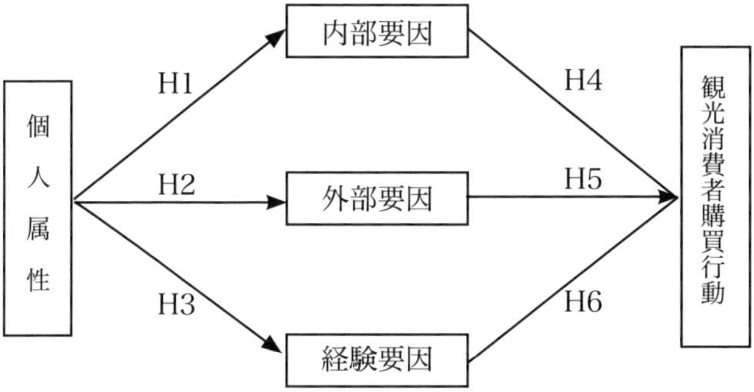

（出所）筆者作成。

4. アンケート調査の統計分析の結果

(1) 個人属性の分析

　アンケート調査で有効回答を得た中国瀋陽の観光消費者の性別は，「女性」が51.1%，「男性」が48.9%を占め，婚姻は「未婚」が49.6%，「既婚」が50.4%を占めた。年齢は「21—30歳」(56.7%) が最も多く，以下「31—40歳」(22.7%)，「41—50歳」(11.4%) の順であった。

　職業は「会社員」(46.8%) が最も多く，以下「自営業者,農林漁牧業」(16.3%)，「公務員,軍人,教職員」(15.6%) の順であった。学歴は4割以上が「大学卒」(43.3%) で，続いて「高校卒」(24.1%) であった。旅行日数は24.9%が「7日—8日」と答え，以下「3日—4日」(21.3%)，「9日以上」(19.1%)，「5日—6日」(18.4%) の順であった。同行者の約4割が「家族」で (41.8%)，次いで「友人」(38.3%) であった。海外旅行支出金額（人民元）は「4000元—5000元」(33.3%) と「3000元—4000元」(18.5%) の二つで過半数を占めた。海外旅行経験の回数は「2回」(63.1%) が最も多く，次いで「3—5回」(10.6%) であった。

(2) 因子分析

A. 内部要因

　内部要因に関する 12 項目について主成分法（principal axis factors）で因子を抽出し，Kaiser の準則に則り固有値 1 を超える共有因子を残し，直交回転によって比較的明確な因子負荷量を算出した。内部要因を因子分析で検証してから，本章の関連文献である井上崇通（2012）に基づき，因子 1 を「動機」，因子 2 を「態度」，因子 3 を「学習」と命名した。

図表 6-2　内部要因の因子分析結果

変数	共通性	成分		
		因子 1	因子 2	因子 3
		動機	**態度**	**学習**
		6 項目	5 項目	1 項目
B11	0.759	**0.817**	0.415	0.100
B12	0.636	**0.744**	0.502	0.402
B10	0.619	**0.732**	0.244	-0.297
B1	0.592	**0.663**	0.492	0.261
B9	0.584	**0.653**	0.325	0.602
B8	0.573	**0.625**	0.451	0.146
B4	0.691	0.319	**0.795**	0.222
B6	0.667	0.324	**0.752**	0.140
B3	0.640	0.195	**0.717**	-0.147
B2	0.532	0.551	**0.683**	0.106
B5	0.517	0.591	**0.645**	0.122
B7	0.814	0.325	0.421	**0.912**
固有値		3.914	3.539	1.968
分散寄与率%		32.618%	29.489%	12.108%
累積寄与率%		26.065%	42.116%	54.123%
KMO 値				0.817
Bartlett 球面性検定			1392.625*** (p<0.001)	

（出所）筆者作成。

B. 外部要因

　外部要因に関する 12 項目について主成分法（principal axis factors）で因子を抽出し，Kaiser の準則に則り固有値 1 を超える共有因子を残し，直交回転によって比較的明確な因子負荷量を算出した。外部要因を因子分析で検証してから，本章の関連文献である井上崇通（2012）に基づき，因子 1 を「サービ

ス」，因子2を「コミュニケーション」と命名した。

図表 6-3　外部要因の因子分析結果

変数	共通性	成分	
		因子1 **サービス** 9項目	因子2 **コミュニケーション** 3項目
C2	0.781	**0.870**	0.289
C7	0.763	**0.867**	0.351
C3	0.720	**0.837**	0.376
C10	0.717	**0.829**	0.262
C5	0.729	**0.829**	0.406
C1	0.678	**0.730**	-0.136
C6	0.686	**0.717**	0.326
C9	0.645	**0.700**	-0.186
C11	0.585	**0.485**	0.376
C8	0.721	0.413	**0.815**
C4	0.643	0.571	**0.589**
C12	0.606	0.163	**0.510**
固有値		5.718	2.153
分散寄与率%		47.649%	17.945%
累積寄与率%		47.649%	65.595%
KMO値		0.790	
Bartlett 球面性検定		1664.307*** (p<0.001)	

（出所）筆者作成。

（3）相関分析

　変数間の関係を解明するために，ピアソン相関分析を行った。相関係数の判定方法は図表6-4に示す通りである。

図表 6-4　相関係数の判定方法

相関係数	相関性
$0.7 < |r| \leq 1.0$	強い相関がある
$0.4 < |r| \leq 0.7$	やや強い相関がある
$0.2 < |r| \leq 0.4$	弱い相関がある
$0.0 < |r| \leq 0.2$	ほとんど相関がない

（資料出所）米川和雄・山崎貞政（2012）。[7]

A. 内部要因と外部要因との相関分析

ピアソン相関分析を用いて内部要因と外部要因との相関性を分析した。分析を通して相関関係が見られた（p<0.05*, p<0.01**, p<0.001***）。内部要因の三項目（動機, 態度, 学習）と外部要因の二項目（サービス, コミュニケーション）との間には正の相関関係が見られ, 内部要因は外部要因の「サービス」（0.363, 0.219, 0.402）との間で相関性が最も高くなった。

図表 6-5　内部要因と外部要因との相関分析結果

変数			外部要因	
			サービス	コミュニケーション
内部要因	動機	Pearson 相関	0.363***	0.326***
		有意確率	0.000	0.000
	態度	Pearson 相関	0.219***	0.198**
		有意確率	0.000	0.001
	学習	Pearson 相関	0.402***	0.246***
		有意確率	0.000	0.000

（注）＊は有意であることを示す。(p<0.05*, p<0.01**, p<0.001***)
（出所）筆者作成。

B. 内部要因と経験要因との相関分析

ピアソン相関分析を用いて内部要因と経験要因との相関性を分析した。分析を通して相関関係が見られた（p<0.05*, p<0.01**, p<0.001***）。内部要因の三項目（動機, 態度, 学習）と経験要因との間には正の相関関係が見られ, 内部要因の「学習」（0.326）は経験要因との間で相関性が最も高くなった。

図表 6-6　内部要因と経験要因との相関分析結果

変数		内部要因		
		動機	態度	学習
経験要因	Pearson 相関	0.259***	0.170**	0.326***
	有意確率	0.000	0.006	0.000

（注）＊は有意であることを示す。(p<0.05*, p<0.01**, p<0.001***)
（出所）筆者作成。

C. 外部要因と経験要因との相関分析

ピアソン相関分析を用いて外部要因と経験要因との相関性を分析した。分析

を通して相関関係が見られた（p<0.05*, p<0.01**, p<0.001***）。外部要因の二項目（サービス，コミュニケーション）と経験要因との間には正の相関関係が見られ，外部要因の「コミュニケーション」（0.406）は経験要因との間で相関性が最も高くなった。

図表 6-7　外部要因と経験要因との相関分析結果

変数		外部要因	
		サービス	コミュニケーション
経験要因	Pearson 相関	0.311***	0.406***
	有意確率	0.000	0.000

（注）＊は有意であることを示す。(p<0.05*, p<0.01**, p<0.001***)
（出所）筆者作成。

D. 内部要因と観光消費者購買行動との相関分析

　ピアソン相関分析を用いて内部要因と観光消費者購買行動との相関性を分析した。分析を通して相関関係が見られた（p<0.05*, p<0.01**, p<0.001***）。内部要因の三項目（動機，態度，学習）と観光消費者購買行動との間に「正」の相関が見られ，内部要因の「動機」（0.324）は観光消費者購買行動との間で相関性が最も高くなった。

図表 6-8　内部要因と観光消費者購買行動との相関分析結果

変数		内部要因		
		動機	態度	学習
観光消費者購買行動	Pearson 相関	0.324***	0.296***	0.224***
	有意確率	0.000	0.000	0.000

（注）＊は有意であることを示す。(p<0.05*, p<0.01**, p<0.001***)
（出所）筆者作成。

E. 外部要因と観光消費者購買行動との相関分析

　ピアソン相関分析を用いて外部要因と観光消費者購買行動との相関性を分析した。分析を通して相関関係が見られた（p<0.05*, p<0.01**, p<0.001***）。外部要因の二項目（サービス，コミュニケーション）と観光消費者購買行動との間に「正」の相関が見られた。外部要因の「サービス」（0.438）は観光消費者購買行動との間で相関性が最も高くなった。

図表 6-9　外部要因と観光消費者購買行動との相関分析結果

変数		外部要因	
		サービス	コミュニケーション
観光消費者購買行動	Pearson 相関	0.438***	0.315***
	有意確率	0.000	0.000

(注) * は有意であることを示す。(p<0.05*, p<0.01**, p<0.001***)
(出所) 筆者作成。

F. 経験要因と観光消費者購買行動との相関分析

　ピアソン相関分析を用いて経験要因と観光消費者購買行動との相関性を分析した。分析を通して相関関係が見られた（p<0.05*, p<0.01**, p<0.001***）。経験要因と観光消費者購買行動との間に「正」の相関が見られた。経験要因(0.531)は観光消費者購買行動との間で相関性が高いことが分かった。

図表 6-10　経験要因と観光消費者購買行動との相関分析結果

変数		経験要因
観光消費者購買行動	Pearson 相関	0.531***
	有意確率	0.000

(注) * は有意であることを示す。(p<0.05*, p<0.01**, p<0.001***)
(出所) 筆者作成。

(4) 回帰分析

A. 内部要因の観光消費者購買行動への影響

　本章は研究仮説に基づき，重回帰分析を通して強制投入法で回帰方程式モデルを作り上げた。内部要因（動機，態度，学習）を３つの予測変数とし，F 値(29.221) の有意確率は 0.000 で１％未満であることから，有意性があり，このモデルの説明力は高いといえる。観光消費者購買行動に対する内部要因の重判定係数（R^2）は 0.598 で，これは予測変数が従属変数の 59.8% を説明できることを表している。重回帰分析の結果，内部要因（動機，態度，学習）は観光消費者購買行動に顕著な影響を与えることが分かった。

図表 6-11　内部要因の観光消費者購買行動への影響に関する重回帰分析結果

予測変数	B 予測値	標準誤差	標準化 回帰係数（β）	t 値	有意確率 P 値
（定数）	2.789	0.368		6.962	.000***
動機	0.807	0.262	0.585	3.939	.000***
態度	0.335	0.164	0.639	2.127	.000***
学習	0.123	0.097	0.229	0.674	.000***

F 値 = 29.221***
$R^2 = 0.598$
（注）p<0.05*，p<0.01**，p<0.001*** 有意差がある。
（出所）筆者作成。

B. 外部要因の観光消費者購買行動への影響

　本章は研究仮説に基づき，重回帰分析を通して強制投入法で回帰方程式モデルを作り上げた。外部要因（サービス，コミュニケーション）を 2 つの予測変数とし，F 値（21.170）の有意確率は 0.000 で 1％未満であることから，有意性があり，このモデルの説明力は高いといえる。観光消費者購買行動に対する外部要因の重判定係数（R^2）は 0.703 で，これは予測変数が従属変数の 70.3％ を説明できることを表している。重回帰分析の結果，外部要因（サービス，コミュニケーション）は観光消費者購買行動に顕著な影響を与えることが分かった。

図表 6-12　外部要因の観光消費者購買行動への影響に関する重回帰分析結果

予測変数	B 予測値	標準誤差	標準化 回帰係数（β）	t 値	有意確率 P 値
（定数）	4.134	0.375		8.549	.000***
サービス	0.492	0.242	0.654	3.348	.000***
コミュニケーション	0.353	0.117	0.527	1.680	.000***

F 値 = 21.170***
$R^2=0.703$
（注）p<0.05*，p<0.01**，p<0.001*** 有意差がある。
（出所）筆者作成。

C. 経験要因の観光消費者購買行動への影響

　本章は研究仮説に基づき，回帰分析を通して強制投入法で回帰方程式モデルを作り上げた。経験要因を予測変数とし，F 値（27.117）の有意確率は 0.000 で 1％未満であることから，有意性があり，このモデルの説明力は高いといえる。

観光消費者購買行動に対する経験要因の重判定係数（R²）は 0.569 で，これは予測変数が従属変数の 56.9% を説明できることを表している。回帰分析の結果，経験要因は観光消費者購買行動に顕著な影響を与えることが分かった。

図表 6-13　経験要因の観光消費者購買行動への影響に関する回帰分析結果

予測変数	B 予測値	標準誤差	標準化 回帰係数（β）	t 値	有意確率 P 値
（定数）	3.976	0.179		11.739	.000***
経験要因	0.712	0.136	0.686	5.318	.000***

F 値 =27.117***
R²=0.569
（注）p<0.05*, p<0.01**, p<0.001*** 有意差がある。
（出所）筆者作成。

(5) 仮説検証の結果と考察

仮説検証の結果は図表 6-14 に示す通りである。

図表 6-14　仮説検証の結果

仮説	結果
H1：個人属性が違えば，内部要因が異なる	△
H2：個人属性が違えば，外部要因が異なる	△
H3：個人属性が違えば，経験要因が異なる	△
H4：内部要因は観光消費者購買行動に顕著な影響を与える	○
H5：外部要因は観光消費者購買行動に顕著な影響を与える	○
H6：経験要因は観光消費者購買行動に顕著な影響を与える	○

○：成立する。　△：部分成立する
（出所）筆者作成。

本章の結果と先行研究の結果とを比較すると，共通点は①個人属性が違えば，内部要因，外部要因及び経験要因が異なること，②内部要因と外部要因は観光消費者購買行動に顕著な影響を与えること，などの点にある。相違点は経験要因が観光消費者購買行動に顕著な影響を与えることを実証した点にある。

5.　結　び

　先行研究では経験要因が観光消費者購買行動に顕著な影響を与えることを実証した研究が少なかった。しかし，本章の結果では「経験要因は観光消費者購買行動に顕著な影響を与える」という仮説が支持された。本章の結果で注目すべき第一の点は，観光消費者購買行動に及ぼす経験要因の影響力の重要性を指摘したところにある。

　本章の結果で注目すべき第二の点は，内部要因 (動機, 態度, 学習) の中では「態度」($\beta = 0.639$) が，外部要因 (サービス, コミュニケーション) の中では「サービス」($\beta = 0.654$) が観光消費者購買行動に顕著な影響を与えることを明確にしたことにある。

　最後に，本章には幾つかの限界がある。中国瀋陽の観光消費者を対象として，個人属性，内部要因，外部要因，経験要因及び観光消費者購買行動の 5 つの側面について分析したが，ライフスタイルや観光満足度などの他の側面についても分析を加える必要がある。今後，より包括的な分析モデルを構築し，サンプル数を拡大して新たな研究を展開したい。

【引用文献】
(1) 中国人民網 .2018 年 03 月 02 日。
(2) Engel, J.F, Blackwell, R.D & Miniard, P.W. (1995), *Consumer behavior* (8th ed.), Dryden Press .
(3) 佐々木土師二 (2000)，『旅行者行動の心理学』，日本・関西大学出版部。
(4) Oh, J.Y., Cheng, C.K., Lehto, X.Y., O'Leary, J.T. (2004), "Predictors of tourists' shopping behaviour: Examination of socio-demographic characterristics and trip typologies, "*Journal of Vacation Marketing*, Vol. 10, No. 4, pp. 308-319.
(5) 辻本法子・田口順等・荒木長照 (2013)，「贈与動機が消費者の購買行動にあたえる影響―熊本県における観光土産の実証研究―」『桃山学院大学経済経営論集』，桃山学院大学総合研究所，第 55 巻，第 1-2 号，pp. 225-255。
(6) 有馬貴之など (2014)，「箱根湯本における外国人観光客の土産物購買行動と土産物店・宿泊施設のサービス・コミュニケーションの状況」『観光科学研究』，首都大学

東京大学院都市環境科学研究科観光科学域，第 7 巻，pp. 45-52。
(7) 米川和雄・山崎貞政（2012），『超初心者向け SPSS 統計解析マニュアル―統計の基礎から多変量解析まで―』北大路書房，pp.177-178。

【参考文献】

［1］前田勇（1995），『観光とサービスの心理学―観光行動学序説―』学文社。
［2］呉明隆（2007），『spss 統計与応用問卷統計分析実務』五南図書出版有限会社，台北。
［3］正木聡（20009），「海外観光行動成立要因に関する研究―日本人の海外観光行動成立における情報の役割を中心として―」『日本国際観光学会論文集』，第 16 号，㈱昭文社。

(**趙 坤・原口俊道**)

第 7 章　観光系学科から観光関連産業への就職の課題
——観光関連産業はインターンシップと採用を関連づけるか——

【要旨】

　1967 年に日本で初めての観光系学科が設置され，2018 年 4 月には，観光，ツーリズム，ホスピタリティ，ウェルネスツーリズムの名前を含む観光系学部・学科（以下，観光系学科）数は 49 大学 50 学部 52 学科となり，それらの入学定員合計が 4,928 人へと増えている [1]。入学定員枠が拡大する一方で，学生の観光関連産業への就職率が 23.2%（国土交通省，2007 年度）[2]，16.7%（観光庁，2014 年度）[3] と公表され，観光関連産業への就職率の低さが指摘されている。

　観光関連産業と観光系学科の学生の公式の接点であるインターンシップについて，観光関連産業がインターンシップを選考・採用の機会として捉えているだろうか。2018 年に経団連と大学は通年採用拡大で合意した [4]。インターンシップは学生の職業体験の機会だけでなく選考の初期機会として採用につながっていくのだろうか。新卒一括採用制度は今後も支持されるか，観光関連産業の意向を観光系学科から採用経験のある企業と採用経験のない企業を区別した上で分析を行った。採用経験のある企業の傾向と意向を把握し，観光系学科と観光関連産業のインターンシップの連携を深めれば今後観光系学科学卒者の採用が増えることが期待できる。

　観光関連産業の中で，観光系学科から採用経験のある企業は，採用経験のない企業に比べ，採用可能性のある個別のインターンシップを受け入れ意向が，採用経験のない企業 57% に対して，86% を超えるなど，個別のインターンシップを採用と結びつける意向が強い。

　新卒一括制度は採用後の社員教育がしやすく今後も継続される見通しとの回答が多かったが，優秀な人材確保への期待は低い。インターンシップが選考の

機会として期待されていることを定量的に明らかにした。

【キーワード】：観光系学科 , 観光関連産業 , 選考・採用 , インターンシップ

1. はじめに

　観光系学科学卒者の観光関連産業への就職率が低いことが指摘されている。その理由を，児美川孝一郎（2015）[5] は，日本の企業は専門教育よりも学生のもつ教養やコミュニケーション力などの基礎力を重視の上で採用し専門的教育は入社後に行うため，大学の専門教育と採用は結びつかないと分析した。矢嶋（2013）は , 大手旅行会社では，有名校を含め多くの入社希望者が集まるので観光系学科からの学生を差別化するのは難しいという。そして，加納和彦（2013）[6] は , 観光系学科生はビジネスという観点から仕事を捉える部分が弱く，就職での優先採用はされにくいという。

　2018 年 10 月，日本経済団体連合会（経団連）は就活ルールについて，従来の企業説明会，内定の時期を規定すること [7] の廃止（就活ルール廃止）を発表した。「グローバル競争で生き残る時代に観光関連産業は，学生は専門知識の修得，企業は働き手の学習履歴などを適切に評価し様々な採用・選考機会を提供し人材の獲得を図ることが求められる」とし学生の専門知識・技能，学修能力等について柔軟に適性を測ることを薦めている。そして，インターンシップについては，社会の変化に即した大学教育を実施するために企業のインターンシップの採用が重要である（日本経済団体連合会，2018 年 12 月）と指摘した。

　以上を踏まえて，観光関連産業と観光系学科の学生の接点であるインターンシップと採用について，観光関連産業がインターンシップを採用の選考機会として捉えているか，新卒一括採用制度は今後も支持されるか，観光系学科からの学卒者の採用経験のある企業と採用経験のない企業を区別して，観光関連産業の意向を調査し，観光系学科から観光関連産業への就職率の増加のために，

インターンシップが選考の機会として期待されているかアンケート結果に基づき論じることが本章の目的である。

(1) 本章での用語の定義

　本章において，観光関連産業とは交通運輸業，宿泊業，旅行会社を指す。企業とは観光関連企業である。観光関連産業の採用先とは大学，観光系学科，観光関連専修学校が対象である。

　本調査の対象は交通運輸業，ホテル・旅館などの宿泊業，旅行会社の観光関連企業であり，その集合を観光関連産業とする。交通運輸業，宿泊業は設備投資が大きく業務内容の独立性が高いが，旅行業の場合は交通運輸業，宿泊業や異業種が一部門として旅行業部門を営むことがあるので旅行会社を対象として調査を行った。

　学卒者とは観光関連産業に就職を希望する新卒学卒者とし，採用先とは観光系学科の新卒学卒者（以下，観光系学科学生卒），観光系学科を含む新卒学卒者一般（以下，学卒者一般），観光関連の新卒専修学校卒生（以下，専修学校卒），観光関連産業で就業経験のある中途採用者（以下，中途採用者）とする。

　観光関連企業の採用先の傾向の質問については，即戦力を求める時とした。即戦力を求める時としたのは学卒者と中途採用者の採用傾向を比較するためである。観光関連企業は人的資源の補充に中途採用や外部委託も検討するであろう。中途採用に対して学卒者採用の競争力があるか調査する必要があると考えた。

　この調査は「4年制大学の観光関連学部学科の採用に関する調査アンケート」として代表者宛に送付し回答を依頼した。代表者並びに，代表者の判断のもと社内で相応しいと思われる部門に委嘱された学卒者採用人事部門からの回答があった。

　新卒一括採用方式とは毎年同じ時期に企業説明会，採用試験等を経て，一括採用をする方式のことを指す。これに対し，個別採用とは，就職を希望する学生に応じて，時期を定めずに個別に通年採用することをいう。

2. 調査の概要と結果

　調査の対象と有効回答は図表 7-1 の通りである。

　調査は 2016 年 10 月から 2017 年 5 月の期間に，観光関連企業の代表者宛に調査書を郵送し回答を得た。調査対象は東洋経済新報社 (2013 年 -2016 年版) の就職四季報の総合版と中堅・中小企業版に掲載された 156 社であり，50 社の交通運輸業（鉄道 5，バス 3，フェリー 1），宿泊業（20 社），旅行会社（21 社）の代表者並びに人事担当者から回答を得ることができた。

図表 7-1　調査の対象

観光関連産業種別	有効回答数		従業員総人数（二〇一五年三月末）	資本金（二〇一五年三月末）	売上高三年間平均（二〇一四年-一六年）	大卒採用年平均人数（二〇一四年-一六年）	観光系学科学卒者の採用平均人数（二〇一四年-一六年）	観光系学科学卒者の一年あたり平均採用回数（二〇一四年-一六年）
交通運輸業	9	平均値	2045.2	12421.8	125064.6	10.04	0.20	0.11
		標準偏差	3058.9	30944.3	221834.6	5.36	0.00	0.33
宿泊業	20	平均値	317.0	1882.1	15007.8	18.87	1.07	0.58
		標準偏差	435.4	2711.5	24606.7	18.57	0.23	1.12
旅行会社	21	平均値	608.5	351.0	60034.8	33.23	1.98	2.16
		標準偏差	896.7	873.0	121164.6	36.39	1.55	2.27
	50	平均値	768.6	3291.9	61131.0	23.33	1.66	1.13
		標準偏差	1550.8	14562.0	136163.6	28.47	1.42	1.81

（注）N=50　資本金と売上高の単位は百万円。
（出所）筆者が独自に調査を行い集計した。

　観光関連産業がインターンシップを採用の機会として捉えているか調査するために次の質問を行った。従業員数，資本金，売上高，大卒採用実績(2016 年 3 月)，観光系学科からの採用人数（2014 年 -16 年）である。インターンシップの実施の有無，即戦力を求めるときの採用先，インターンシップの目的，期待，印象，大学との連携意向の質問を行った。回答は，5: とてもそう思う，4: そう思う，3:

どちらともいえない，2: 思わない，1: 全く思わない，とする 5 段階レカート尺度法で得た。新卒一括採用制度の評価について，1: そう思う，2: 思わない，の二者択一にて質問を行った。

（1）観光関連産業種別による採用先の傾向

　観光関連産業が即戦力を求める時の人材の採用先について，観光系学科学卒

図表 7-2　観光関連産業が即戦力を求める時の採用先の傾向

観光関連産業種別	有効回答数	観光系学科学卒者の採用経験		観光系学部学科学卒者を採用する	学卒者一般から広く採用する	専修学校からの新卒者を採用する	観光関連就業経験者を中途採用する
交通運輸業	2	採用した	平均値	3.00	4.50	3.00	3.50
			標準偏差	0.00	0.71	0.00	0.71
	7	採用していない	平均値	3.17	4.00	3.00	3.17
			標準偏差	1.17	1.00	0.89	0.75
	9	合計	平均値	3.13	4.11	3.00	3.25
			標準偏差	0.99	0.93	0.76	0.71
宿泊業	6	採用した	平均値	3.00	3.83	3.83	3.67
			標準偏差	2.00	1.47	1.94	1.86
	14	採用していない	平均値	2.86	3.50	2.93	2.71
			標準偏差	0.95	0.76	0.92	1.07
	20	合計	平均値	2.90	3.60	3.20	3.00
			標準偏差	1.29	1.00	1.32	1.38
旅行会社	15	採用した	平均値	2.60	4.07	2.67	4.40
			標準偏差	1.12	0.96	1.23	0.63
	6	採用していない	平均値	3.50	3.50	3.50	2.80
			標準偏差	0.58	0.58	0.58	0.45
	21	合計	平均値	2.79	3.95	2.84	4.00
			標準偏差	1.08	0.91	1.17	0.92
合計	23	採用した	平均値	2.74	4.04	3.00	4.13
			標準偏差	1.32	1.07	1.45	1.10
	27	採用していない	平均値	3.04	3.64	3.04	2.84
			標準偏差	0.96	0.81	0.86	0.90
	50	合計	平均値	2.89	3.83	3.02	3.46
			標準偏差	1.15	0.95	1.17	1.18

（注）N=50　採用経験なし，には不明を含む。5: とてもそう思う，4: そう思う，3: どちらともいえない，2: 思わない，1: 全く思わない，とする 5 段階レカート尺度法で回答を得た。
（出所）筆者が独自に調査し集計した。

者の採用経験別に集計した結果が図表 7-2 である。

　即戦力として人材を採用するとき，「学卒者一般から採用する」と高い数値を示したのが交通運輸業（4.11）（5 段階評価）と宿泊業（3.60）であり，旅行会社は，「観光関連産業の就業経験のある経験者から中途採用する」（4.00）が高く，続いて僅差で「学卒者一般から採用する」（3.95）であった [8]。

　交通運輸業 [9] と宿泊業は即戦力を求める時も新卒学卒者の採用・育成する傾向があり，旅行会社は学卒者以上に就業経験者（中途採用者）を採用する傾向が示された。また，新卒者採用について，観光系学科学卒者からの採用傾向は学卒者一般より低く，更に専修学校卒より低い結果であった。

　全体として，観光系学科学卒者よりも学卒者一般からの採用傾向の数値が高く，即戦力を含む人材採用するときに学卒者一般から広く採用する傾向であった。

(2) インターンシップ受け入れと新卒一括採用による採用方式の評価

　インターンシップの実施は観光関連産業と観光系学科生が職業体験の理解を目的に公式に接する接点である。図表 7-3 はインターンシップの受け入れの経験別に，インターンシップを実施していることが希望する人材の採用と関係があるか，そして，新卒一括採用が優秀人材確保に有効であるかという採用意識の集計である。

　インターンシップの実施率は 38.0% で，その平均日数は 8.56 日間であった。インターンシップを実施している企業のインターンシップの評価は「応募者の職業イメージ形成に役立つ」（4.16）（5 段階評価）であり，インターンシップは学生のためになるという認識である [10]。

　採用との関係で「インターンシップは希望する人材採用に効果がある」について，インターンシップを受け入れている企業と受け入れていない企業の間での評価の差は 3.05 と 3.10 と大きな差は見られなかった。また「インターンシップの実施は企業側の負担が大きい」はそれぞれ 3.21 と 3.10 とインターンシップの負担は中間値 3.00 よりやや高めであるが，インターンシップを実施している企業の負担の差は小さい。ところが，「採用の可能性のある個別のイン

ターンシップを受入れるか」では 87.0% と 63.0% であり，全体で 70.0% が受け入れると答えた。インターンシップと結び付ける選考への期待は高く，特にインターンシップを実施している企業で期待が高い。

図表 7-3　インターンシップ受入企業とない企業の間の採用との関係

観光関連産業種別	有効回答数	大学からのインターンシップを受け入れの有無		インターンシップの評価				新卒一括採用	
				(a) インターンシップは希望する人材採用に効果がある	(b) インターンシップは応募者の職業イメージ形成に役立つ	(c) インターンシップの実施は企業側の負担が大きい	(d) 採用可能性のある個別のインターンシップを受入れるか	(e) 新卒一括採用制度は優秀な人材の確保がしやすい	(f) 個別採用には会社が対応できない
交通運輸業	3	受入れている	平均値	3.33	3.67	3.00	100.0%	0.0%	0.0%
			標準偏差	0.58	1.16	0.00			
	6	受入れていない	平均値	3.00	3.00	3.00	100.0%	60.0%	0.0%
			標準偏差	0.00	0.00	0.00			
宿泊業	9	受入れている	平均値	2.78	3.89	3.11	83.0%	33.0%	22.0%
			標準偏差	0.83	0.93	1.26			
	11	受入れていない	平均値	3.00	3.25	3.00	33.0%	0.0%	9.0%
			標準偏差	0.00	0.71	0.00			
旅行会社	8	受入れている	平均値	3.29	4.71	3.43	83.0%	17.0%	17.0%
			標準偏差	1.11	0.76	0.79			
	13	受入れていない	平均値	3.25	2.73	3.25	67.0%	27.0%	27.0%
			標準偏差	0.96	1.01	0.79			
合計	20	受入れている	平均値	3.05	4.16	3.21	87.0%	24.0%	18.0%
			標準偏差	0.91	0.96	0.98			
	30	受入れていない	平均値	3.10	2.96	3.10	63.0%	22.0%	15.0%
			標準偏差	0.57	0.79	0.94			
合計	50			3.07	3.48	3.17	70.0%	22.0%	18.0%
				0.79	1.05	0.87			

(注) N=50。受けいれていないには不明分を含む。図表 7-3 の (a) (d) (e) (f) は 5: とてもそう思う，1：全く思わないとする 5 段階評価による回答の集計。(b) (c) (g) は同意すると答えた企業の比率。
(出所) 筆者が独自に調査し集計した。

新卒一括採用の評価について，「新卒一括採用制度は優秀な人材の確保がしやすい」について，同意した企業はインターンシップを受け入れている企業の 24.0%，受け入れていない企業の 22.0% であり低い。同意する企業が少ない

理由として「個別採用には会社が対応できない」の割合はそれぞれ 18.0% と 16.0% と少なく個別採用への障害は低い。

インターンシップの実施並びに新卒一括採用と，希望する人材採用の効果との関係での評価は低い [11]。「採用の可能性のある個別のインターンシップを受入れるか」への数値の高さを考えると，現在の，インターンシップの実施と新卒一括採用制度のいずれも優秀な人材採用にはつながっていないという評価である。

(3) 観光系学科から採用経験のある企業と採用経験のない企業の間のインターンシップ受け入れと新卒一括採用方式の評価

図表 7-4 は観光系学科からの採用経験のある企業と採用経験のない企業別にインターンシップの受け入れと新卒一括採用方式の評価の集計である。

観光系学科学卒者の採用経験のある企業と採用経験のない企業別のインターンシップの実施率はそれぞれ 41.0% と 38.0% であり，その差は小さい。「現在のインターンシップは希望する人材採用に効果がある」はそれぞれ 3.07 と 3.06（5 段階評価）とインターンシップの実施と希望する人材採用効果への満足度は低い。

この様な中「現在のインターンシップの実施は負担が大きい」はそれぞれ 3.43 と 2.94 であり，観光系学科からの学卒者の採用経験のある企業にとってインターンシップ実施の負担は大きい。現在のインターンシップの企業側負担が大きいと答える中「採用の可能性のある個別のインターンシップを受入れる」と答えた企業比率はそれぞれ 86.0%，57.0% と半数以上の企業の「採用可能性のある個別インターンシップ」への期待は大きい。インターンシップの実施企業と「観光系学科との連携を深めた方が良い」との関係は pearson の積率関数により有意（0.407*，50 社）な相関が認められた。インターンシップを実施している企業の観光系学科との連携期待は高い [12]。

なお，「新卒一括採用制度は優秀な人材確保しやすい」についてそれぞれ 26.0%，18.0% であり，観光系学科からの採用経験のある企業と採用経験の

ない企業との間で差は小さく，評価は低い。

図表 7-4　観光系学科学卒者採用経験のある企業とない企業の間と採用との関係

観光関連産業種別	有効回答数	観光系学科卒者採用の有無		インターンシップの評価				新卒一括採用		
				(a) 大学のインターンシップを受け入れるか	(b) 現在のインターンシップは希望する人材採用に効果がある	(c) 現在のインターンシップの実施は企業側負担が大きい	(d) 採用可能性のある個別インターンシップを受け入れるか。	(e) 新卒一括採用制度は優秀な人材確保しやすい	(f) 個別採用には会社が対応できない	(g) 観光系学部・学科からの学卒者を優先するか（再掲）
交通運輸業	2	あり	平均値	0.0%	3.00	3.00	100.0%	50.0%	0.0%	3.00
			標準偏差		0.00	0.00				0.00
	7	なし	平均値	43.0%	3.33	3.00	100.0%	40.0%	0.0%	2.71
			標準偏差		0.58	0.00				0.76
宿泊業	6	あり	平均値	60.0%	3.00	3.20	80.0%	17.0%	0.0%	3.20
			標準偏差		0.00	1.10				0.45
	14	なし	平均値	43.0%	2.80	3.00	45.0%	14.0%	21.0%	3.00
			標準偏差		0.79	0.94				0.00
旅行会社	15	あり	平均値	40.0%	3.13	3.63	86.0%	27.0%	27.0%	3.23
			標準偏差		1.13	0.92				0.73
	6	なし	平均値	20.0%	3.67	2.67	20.0%	0.0%	33.0%	2.33
			標準偏差		0.58	0.58				2.31
合計	23	あり	平均値	41.0%	3.07	3.43	86.0%	26.0%	17.0%	3.20
			標準偏差		0.83	0.94				0.62
	27	なし	平均値	38.0%	3.06	2.94	57.0%	18.0%	18.0%	2.71
			標準偏差		0.77	0.77				1.07
合計	50	合計	平均値	40.0%	3.07	3.17	70.0%	22.0%	18.0%	3.00
			標準偏差		0.79	0.87				0.85

図表7-4 の (a)(d)(e)(f) は同意すると答えた企業の比率であり (b)(c)(g) は 5: とても
そう思う，1：全く思わないとする 5 段階評価による回答の集計。
（注）N＝50　採用経験なしには不明を含む。
（出所）筆者が独自に調査し集計した。

　観光系学科からの学卒者の採用経験のある企業では，個別実施に拠るインターンシップの負担は大きいが「採用可能性のある個別のインターンシップ」への期待は高く，より時間をかけて学卒者の適性を見たいと考える企業が多いと考えられる。

3. 結 び

　2018年10月までの経団連の就職協定では，インターンシップと就職活動は基本的に結び付けないということになっていた[13]。（図表7-3）と（図表7-4）の結果はインターンシップの実施ならびに新卒学卒者採用の選考・採用との関係についての調査結果であった。この調査は2018年10月の新卒一括採用制度の廃止の発表前の調査であり，2018年10月の経団連の就職協定の多様な採用活動への就活ルール廃止により，採用可能性のある個別インターンシップを選考機会とする採用活動は実施しやすくなった。

　インターンシップの実施はまず，学生の職業イメージの形成，入社後のミスマッチを防ぎ，応募者増加に寄与するためと企業は考えている。しかし，観光関連産業全体は，これまでのインターンシップは希望する人材確保への評価は低く，一括採用方式による優秀人材採用の満足度も低い。このような中，「採用可能性のある個別のインターンシップ」を引き受ける可能性は高く，観光系学科からの採用経験のある企業は採用経験のない企業より引き受けて良いとする企業は多い。また，インターンシップを行っている企業の中には学卒者採用において観光系学科学との連携も深めても良いと考えている[14]。観光系学科から採用経験のある企業は，従来の書類審査に加え，学生の適性，資質，双方の相性などをより時間をかけて観察したいと考えているといえよう。インターンシップは企業にとって学生の人的資質を観察する選考機会として，今後採用活動と結びついていくと考えられる。

　大学からのアプローチによるインターンシップの機会の拡大と接続強化により，「採用経験可能性のある個別のインターンシップ」が増えれば観光系学科から観光関連産業への就職率が高まると考えられる。

【引用文献】

(1)「観光庁（2009），『観光関連の学部・学科等のある大学一覧（2009）』観光庁調べ」に 2010 年以降開設の観光系学部学科と定員を加えた。（2018 年 5 月 13 日アクセス）

(2) 国土交通省（2007），「観光関係学部卒業生の進路」観光関連大学 4,216 名対象（2004 〜 2006 年度計），観光関連産業への就職率は 23.2%。

(3) 観光庁（2015），「観光関係高等教育の現状」観光庁による 58 校への調査，2014 年度．観光庁（2011），「観光関係学部卒業生の進路（直近 3 か年分）」観光関係への就職率は 19.2%．

(4)「就活の脱『横並び』合意　経団連・大学，通年採用拡大」『日本経済新聞社』2019 年 4 月 22 日．https://www.nikkei.com/article/DGXMZO44016780R20C19A4MM0000/2019/4/22　（2019 年 8 月 20 日アクセス）
　　就職・採用活動日程に関する関係省庁連絡会議は，（学生が）しっかりと学業に専念した上で就職活動を行う環境が重要である（2018 年 10 月）と，就職活動が学業面に与える影響を最小限にとどめることで合意している。

(5) 矢嶋敏朗（2013），「旅行会社と観光系学部・学科の教育連携に関する考察」日本国際研究学会『日本国際観光学会論文集』（第 20 号），p.55.

(6) 加納和彦（2003），「観光関連学部・学科等における『学び』と将来の『仕事』との関係について—愛知淑徳大学交流文化学科観光分野専攻での調査結果を参考に—」愛知淑徳大学論集『交流文化学部編』第 3 号, p.24.

(7)「インターンシップの推進に当たっての基本的考え方」文部科学省，厚生労働省，経済産業省「学生が在学中に自らの専攻，将来のキャリアに関連した就業体験を行うこと」2015 年 12 月 10 日一部改正．
http://www.mext.go.jp/component/a_menu/education/detail/__icsFiles/afieldfile/2015/12/15/1365292_01.pdf
　　インターンシップは，社会・地域・産業界等の要請を踏まえ，将来の社会・地域・産業界等を支える人材を産学連携による人材育成の観点から推進するものであり，自社の人材確保にとらわれない広い見地からの取組が必要である（2015）．

(8) 七枝敏洋（2017），「日本の観光関連学部・学科を専攻した学生の観光産業への就職について—観光関連産業は新卒者の採用にいてどのような点を重視しているか—」『亜東経済国際学会研究叢書』20 号, p.319.

(9) 中国地方に本社を置く従業員規模 1,500 名の交通運輸業の役員によると，交通運輸業は地域の公共性が高く，即戦力といえど学卒者を定期採用し育成することも地域貢献の一部でもあり，被採用者が前職で交通運輸業であることによる即戦力性を特段考慮することはないとのことであった。

(10)「大学からのインターンシップを受け入れている」企業の間で有意な相関関係があった項目は，Pearson の相関係数で「採用のミスマッチを防げる（0.827**, 34 社）」「会社の雰囲気を伝えられる（0.755**, 58 社）」「応募者の職業イメージ形成に役立つ（0.641**, 38 社）」と相関関係が見られ，インターンシップは学生の職業選択のために行われているが，「観光系学科との連携を深めた方が良い（0.407*, 31 社）」

との間も相関が認められた。

(11)「新卒一括採用方式は優秀な人材確保をしやすい」に同意した企業の評価は低い中「新卒一括採用制度は採用後の公平性が保てる」「個別採用には会社が対応できない」「〔企業の〕平均年齢（2015)」の間で，Pearson の相関係数（有意確率**:p<0.01,*:p<0.05）でそれぞれ 0.621**（48 社），0.391**（51 社），0.350*（35 社）の有意となった。新卒一括採用方式は採用後教育の公平性，採用実施の効率性，従業員の平均年齢の高い企業の間で支持されている。

(12) 採用経験のない旅行会社 6 社の間で観光系学科の教員の薦めがあれば採用可能性のあるインターンシップの学生を引き受けると答えた平均 3.50（5 段階評価）であった。

(13) 文部科学省ほか，前掲（7)。

(14)（図表 7-1）を対象とした調査で，「今後観光系学科と連携を深めた方が良いと思いますか」への回答の平均値（5 段階評価）は，観光系学卒者の採用経験のある企業 3.21，採用経験のない企業で 3.11，50 社全体の平均値は 3.16 であった。

（七枝敏洋）

第 8 章　Airbnb の CSV の試み
—— 中国農家への援助プログラムを中心に ——

【要旨】

　民泊仲介業者 Airbnb は企業発展の戦略的方向を，本業を基軸に社会的問題を解決しながらビジネスを展開することに向かっている。中国農家への援助プログラムはその典型的な一例と見なされる。当該プログラムは，農家住宅を改造して民宿施設を新設することと，民宿中心のツーリズム業を育成することで，援助対象村民と地域や，援助主役の Airbnb に共に，共通価値を創出しつつある。本章はその援助プログラムについての一考察で，Airbnb の中国市場における展開戦略を CSV 理論で分析をする。

【キーワード】：民泊ビジネス，Airbnb，農家援助，CSV

1.　はじめに

　民泊ビジネスは，近年の観光市場にブームを引き起こした。Airbnb（エアビーアンドビー）は，民泊仲介業の先駆者であり，EC（Electronic Commerce= 電子商取引）の世界市場の最大手でもある。創業 7 年後の 2015 年に中国市場へ進出し始めた。中国は，経済発展と EC の普及に連れて観光市場が勢いよく成長し，農村観光も近年に台頭を見せている。現在，Airbnb は中国民泊仲介市場の 2 番手グループの一社として，事業を積極的に展開している。

　2018 年以降，Airbnb は中国で貧困の農家を対象に援助をしてきた。農家住宅を民宿施設に改造して，村に民宿中心のツーリズム業を育成している。

この援助活動が近年，企業界に注目されている CSV（Creating Shared Value ＝共通価値の創造）の解釈に役立つと思われる。CSV とは，会社と社会が両立できる共通価値を創出して競争優位を獲得し得ることと，本業を基軸に社会的問題を解決しながらビジネスを展開することである。本章は，援助プログラムについての現場聞き取り調査を基に，プログラムの枠組みと初期効果を紹介し，CSV 理論を用いて分析をする。

2. 民泊と Airbnb

(1) 民泊ビジネス

　民泊は，ホスト（地元住民である家主或いは旅館業者）がゲスト（旅行者）に有償で短期間に貸し出す民家の空き部屋と，宿泊サービスを供給する営業行為から構成される。民泊物件は個人住宅に止まらず，小型ホテル，簡易宿所，農家民宿も含む。民泊ビジネスは民泊の設立，営業，仲介，取引およびホストによる地元情報提供或いは有料サービスなど，一連の経済活動を指す。民泊はホテルと比べてコストパフォーマンスが高く，ローカルな体験ができる。近年，EC 普及のトレンドに乗って全世界的に民泊ビジネスブームが広がっている。

(2) 民泊ビジネス先駆者 Airbnb

　Airbnb は，民泊予約を中心とした観光関連サービスの仲介業者である。インターネットプラットフォームにて，民泊物件のリスティング，物件情報掲示，検索エンジン，利用者メッセージシステム，サービス評価システム，ネット上コミュニティなどのサービスを提供して，地域と時期によって異なるが5～15％の手数料を稼いでいる。

　2008 年にアメリカで起業した Airbnb は，世界で初めて EC を活用した民泊仲介事業を開始し，民泊ビジネスの火付け役となった。そして今もなお，民泊仲介業の超大手企業として成長し続けている。2019 年 3 月まで，Airbnb は 191 か国と地域の 8 万都市と地区に所在する 600 万件の民泊物件をリスト

アップし，累計取引者数が 5 億人以上に達した [1]。

(3) 中国事業を展開している Airbnb

　Airbnb は 2014 年に中国法人を設立して中国で事業展開し始めた。中国市場は膨大な消費者人口を擁し，ツーリズム業が好景気であった。オンライン予約による宿泊市場規模は 2017 年に 1,587 億人民元（＝ 25,000 億円）に達した。2020 年までに年間 25％の増加が見込まれている [2]。

　Airbnb は中国市場において 2020 年に自社サービスの利用者が最も多くなると予測している [3]。一方，EC ビジネスの盛んな中国では，民泊ビジネスを巡る市場競争は激しい。Airbnb の地元ライバルは，サプライチェーンと利用者数の便益を活かし，競争優位を占めている。中国市場における 2018 年度の上位 4 社の仲介物件数で比較すれば（図表 8-1），Airbnb は仲介物件集団規模で市場トップの Tujia 社との間に大きな差があり，他の二社と共に 2 番手集団にある。

図表 8-1　2018 年度中国民泊仲介業上位 4 社の仲介物件数対比

	Tujia	Xiaozhu	Airbnb	Zhenguo
仲介している物件数（万件）	80	30	25	25

（出所）各社広報より筆者作成。

3.　援助プログラムの実施背景

(1) 農村観光の台頭

　中国は，1990 年代の半ば，週休二日制の導入により，日帰り都市住民向けの飲食・レージャ施設「農家楽」が都市部近郊で繁栄し始めた。また，2010 年前後にマイカーの普及と舗装道路の伸長，そして近年の高速道路と高速鉄道建設のブームや農村部の観光施設の増設などにより，農村観光がより一層盛んになってきた。2018 年に 4 割の都市住民は月に 1 度，また 4 割は 3 か月に 1

度農村を訪れている⁽⁴⁾。

　これらのデータから農村部訪問延べ回数が6.8回/年・人と推測される。つまり，都市住民の頻繁な訪問が農村部におけるツーリズム業の台頭を促していると考えられる。

　農村観光市場の成長は，農家民宿に恵みをもたらしている。2018年度，民泊ゲストの51.7%は農家民宿を利用したことがあり，他の形式の民泊を上回った⁽⁵⁾。

　明らかに，農家民宿は民泊ゲストが農村部を訪れる時の最優先選択である。この状況を踏まえ，民泊ビジネス業者らは，ホストを増やすために，マーケティング活動の重点を農村部に置くことは当然である。

（2）実施地金江村の概況

　本章の研究事例を金江村或いはその村を代表する江辺組に置いて実施した。金江村（ジンジャン）は，中国華南エリアの桂林市龍勝県に位置し，山脈の谷に沿った幾つかの村落からなる。金江村の特徴を概略的にまとめると図表8-2のとおりである。小規模の未開発な山地村落である。その村落の1つである江辺組（ジャンビェン）は，他の村落と数キロメートル離れている。

図表8-2　金江村の諸特徴

立地	自然環境	交通	経済環境	インフラ	社会環境
・観光地付近 ・農村部 ・山地地域	・山地 ・森林 ・川 ・谷 ・石漠化土地	・高速連接 ・舗装道路接	・未開発 ・産業基盤無 ・貧困的	・木造住宅 ・水電通信可 ・公施設不足	・少数民族民俗 ・民風素朴 ・人口少 ・教育程度低 ・政府認定貧困村

（出所）現場調査より筆者作成。

　村の住民は，38世帯，170人で，そのほとんどがチワン族である。村にはチワン族民俗が純粋に伝承されて，民風も素朴なのである。村には医療・文化・消費サービスなどのインフラが整備されておらず，また産業も不備で収入源も少ない。労働機会がないことが村民を貧困に陥らせている。年収が2,300元(≈37,000円) 未満の貧困人口⁽⁶⁾ である老人・障害者・主婦が十数人おり，政府

の援助金で生活を送っている。約半分の労働者が都市に流出し，老人・主婦・児童が残っている。村民は一貫して，貧困脱却と村の活性化を切望している。

　未開発には 3 つの原因がある。第一に，石漠化した山地が農業や工業に適さない。第二に，観光目的地の範囲に位置しているが，村がまだツーリズム業に参入していないので経済的な恵みを受け取れていない。金江村の近くの 4 つの村では，世界重要農業遺産システム（GIAHS）である「龍勝棚田」という景観をみることができるが，観光客は金江村を通過して棚田へ行き，戻る時にも訪れることはない。第三に，村民らは事業に不慣れで，起業家と経営資源に乏しい。

図表 8-3　金江村の立地

（出所）Googlemap より筆者作成。

(3) Airbnb の発案

　2017 年，中国事業の局面打開を求めていた Airbnb は，民泊物件の集中地・桂林市陽朔県で市場調査した時に，地元政府の貧困脱却に関する報告で金江村のことを知った。そこで金江村を訪問して，村民による貧困脱却需要と村の活性化希望を確認した。ツーリズム業の視点から，金江村の自然環境が良く，少数民族の民俗が良く伝承され，交通も便利（桂林市中心部から 90km 離れているが，

高速道路で近くまで行くことができ，さらに現地まで舗装道路が繋がっているので車で2.5時間の道程である）で，農村部に位置する新たな観光目的地として潜在力があると判断した。民泊仲介業者である Airbnb は，民泊ビジネスを切り口に，金江村の資源を活かすプログラムを打ち上げ，政府と交渉して援助の実施にコンセンサスを得た。

4. Airbnb による農家援助プログラム

2017年，Airbnb は社内の公共政策部門を中心に，金江村援助プログラムのチームを編成し，プログラムの内容と実施方法を立案した。それから2年間に渡って金江村を援助してきた。

(1) 民宿中心のツーリズム業育成

Airbnb は，金江村の貧困世帯の住宅2軒を民宿に改造して，村民による協働の仕組みを構築した。そして，民宿のマーケティングを自社資源で支えながら，村における民宿を中心としたツーリズム業を育成している。援助の主な内容は次の4つの項目である。

①民宿新設

Airbnb は，ホテル設計業者 D+Architects からデザイナーを招き，無償で民宿のデザインをさせた。そして，村にある60年以上使用されてきた中国南方の山地に特有の干欄式木造住宅2軒を，120万元（≈1,900万円）の経費で地元大工を雇用して，簡素かつ洗練されたデザインの宿泊施設に改造した。そして多種な電器と安全設備を設置して，農家住宅を民宿旅館に変えた。住宅の変容（図表8-4）と営業情報（図表8-5）は次の通りである。

図表 8-4　農家住宅の改造内容

工期	12 ヶ月（デザイン含め）
空間	室内に、階段を加えて二階空間を作って、遊休状態のルームをより一層効率的に利用した。室外に、地面と接する一階の空間（元は畜舎、農具置き場）を物置小屋に変えた
内装	窓の改善と塗り替えで、明快な部屋に変えた。両開き窓から大幅なフィックス窓と両引き窓に改装した。外部の明るさを室内に取り入れて、元々光不足で昼間も暗い屋内が明るくならせた。壁を白いに塗り、装飾電気も付けてトーンを明快とならせた
建材	木の壁に防音パネルと防音シートを大量に装置した
ホテル設備	ホテル業の標準によって安全設備（火災警報器、粉末消火器、消防パック、救急薬品など）を備えた
生活器具	便器、お風呂、小型冷蔵庫などの設備を、農家に初めて装置させた

（出所）現場調査より筆者作成。

図表 8-5　民宿の営業情報

名前	江辺（ジャンビェン、所在村落の名前）
始業	2018 年 11 月
客室	6 室、室名をシーナリーと名付けられた。A 宅全体利用で 4 室あり（「竹海」、「稲香」、「晨曦」、「斜陽」）、B 宅半部利用で 2 室ある（「微風」、「細雨」）
宿泊料金	ルームの面積より 148～288 元（2,400～4,600 円）/泊/室、シーズンより変動する
宿泊サービス	お迎え、駐車場、お菓子とドリンク、朝食、地元情報、コミュニケーションなど、スタッフによって提供する
周辺サービス（有料）	食事、車送迎、観光案内、お土産と収穫体験（村で産出の羅漢果、筍、唐辛子、椎茸）など、客室にメニューで展示され、他の村民によって提供、値段は注文内容より異なる

（出所）現場調査より筆者作成。

②協働の仕組みの構築

　Airbnb の提案で，村民 11 人が村民の代表として，会社勒桐（ラードン，以下 LD）を設立し，民宿の事業法人として経営を担当した。LD と村民全体は協議を通じて民宿の所有権，経営権，経営ポリシーなどの事項に合意を形成した。すなわち権益については民宿施設の所有権は家主に属し，経営権は稼働からの 5 年間は LD に属する（その後，再度協議する）。収益配当に関しては，LD が売上高の 10%を家主へ支払い，残りの 90%を民宿の経営費用と村のツーリズム

業の再投入に充てる。また，決済後，余剰金があれば村民全体に公平に分配する。経営において LD は高齢者・障害者家主の代わりに村民 6 人を 2,500 元（≈ 40,000 円）の月給で雇用し，スタッフ（マネージャー女性 3 人，清掃員女性 2 人，電器修理員男性 1 人）として従事をさせた。これに加えて複数の世帯にゲスト向けの周辺サービス（図表 8-5）を提供させた。

③技能教育

Airbnb は民泊管理業者 Wadangwashe の専門家と地元大学・桂林旅游学院の教師を村に派遣して，村民にツーリズム業に関する労働技能を訓練させた。前者の専門家は，民宿マネージャーにホスピタリティ，コンピューター使用，マーケティング，外国語などのマネジメント技能を 6 か月間，現場指導で教えた。後者の教師は，民泊，EC，周辺サービスなどに関するガイドブックを作成し，村民全体に配布して説明をした。

④経営支援

民宿稼働以来，Airbnb は週 1 回ビデオミーティングを開催し，民宿スタッフ，LD 代表，村民代表と一緒に経営に意見交換しながら助言をしている。

マーケティングの面，Airbnb は金江村民宿の露出度を高めるように加勢をしている。自社プラットフォームにて，Airbnb の設定により，村の所在地「龍脊」，近所の観光スポット「龍脊棚田」を条件として絞られて検索した場合，民宿が稼働してからの 3 か月間（2018 年 11 月〜2019 年 1 月）に，結果ページの先頭に固定掲示されることになった。これによって，金江村民宿は当地域の他の 30 軒民宿より，ゲストにチェックされやすい便利を得るまた，民宿を最初から「スーパーホスト物件」[7] と認定した。

宣伝に関しては，Airbnb は自社のマスコミリソースで当該民宿を宣伝している。すなわち，開所式で中国メディア大手数十社を招待し，民宿を大々的に紹介した。2019 年 2 月には，民宿を紹介するために，民宿スタッフ女性 3 人を民泊ビジネスによる女性活躍推進についてのレポートに披露させた。また 6 月には，世界旅游連盟（WTA）を招き，当該組織の「シェア型ツーリズムと郷村の振興」というテーマイベントを金江村で開催させた[8]。国内外ツーリ

ズム業者，中国政府観光部門，非営利団体，メディアなどが村で民宿とチワン族民俗を体験した。

(2) 初期効果

　Airbnb は前述のとおり金江村に民宿中心のツーリズム業を育成している。LD は，2018 年 11 月から 2019 年 6 月までの 7 か月間での宿泊の売上高が 4 万元（≈ 60 万円）であった。加えてゲストの 70％が隣家で周辺サービスを消費した。これらにより家主が収益配当を得たり，スタッフが仕事で給料を稼げたり，複数の村民が周辺サービスの提供で収入を増やしたりすることができた。

　民宿の新設とそのビジネスによって，村に収益をもたらすことが実証され，民泊ビジネスの経済性と民宿の権益配当に対する村民の疑念が払拭された。村民らは，接客技能教育の助けと民宿によるモデル効果に励まされて関連サービスを懸命に提供するようになった。さらに加えて民宿新設計画を自ら打ち出すことなど，村における民宿を中心としたツーリズム業を積極的に支える姿勢を示すようになった。同時に，Airbnb 社自身も新設民宿をリストアップして，仲介物件の集団規模を拡大することで，業績面に収益をもたらした。プログラ

図表 8-6　プログラム各項目による多方への収益

	Airbnb	貧困世帯人口	村民	金江村
民宿新設	・リスト充実 ・仲介料増 ・対貧困人口援助	・改造で生活便利 ・宅を資産に活用 ・収入で貧困脱却	・スタッフが給料で収入増 ・設計図面共有 ・起業モデル	・貧困人口減 ・労働機会増 ・ツーリズム導入 ・収入源泉の一つ
協働メカニズム構築	・援助効果拡大 ・対村民援助	・営業確保 ・民宿生産性向上	・自営業参入 ・周辺サービス提供で収入増	・多方協調と融合 ・社会構造革新
技能教育	・プログラム順調	・労働技能習得	・労働技能習得	・人口教育
経営支援	・援助効果拡大 ・マーケティング ・良き企業市民	・民宿マーケティング ・生産性向上	・ツーリズム好調で収入増	・ツーリズム好調 ・地域マーケティング ・民俗を活かす

（出所）筆者作成。

ム各項目による多方に対する収益と効果は図表 8-6 にまとめる。

　Airbnb は本業・民泊ビジネスを通じて，金江村の貧困脱却，農村部活性化など社会的問題の解決に努力している。民宿中心のツーリズム事業は，村の貧困世帯農家とその関連団体組織に経済利益を与え，同時にポジティブな影響を与えている。

5.　CSV 理論から見た Airbnb の援助プログラム

(1) CSV 戦略

　CSV（Creating Shared Value ＝共通価値の創造）は事業戦略の一理論である。マイケル E・ポーター（Michael E. Porter）ら（2011）[9] によれば，共通価値の概念は「企業が事業を営む地域社会の経済条件や社会状況を改善しながら，自らの競争力を高める方針とその実行」である。

　ポーターら（2006）[10] が従来の単純なフィランソロピーを中心とする CSR（Corporate Social Responsibility ＝企業の社会的責任）活動は，企業の本業かつ収益と緊密に関らないので，「受動的 CSR」と指摘した。企業は戦略策定において「受動的 CSR」という枠組みを超えて，社会的な課題を事業機会として戦略的に捉え，自社ケイパビリティをテコにして取り組むならば，社会の進歩を促すと共に，企業の競争優位を獲得することができる。そのため，「戦略的

図表 8-7　CSR と CSV の違い

CSR	CSV
価値は「善行」	価値はコストと比較した経済的便益と社会的便益
シチズンシップ、フィランソロピー、持続可能性	企業と地域社会が共同で価値を創出
任意、あるいは外圧によって	競争に不可欠
利益の最大化とは別物	利益の最大化に不可欠
テーマは、外部の報告書や個人の嗜好によって決まる	テーマは企業ごとに異なり、内発的である
企業の業績や CSR 予算の制限を受ける	企業の予算全体を再編成する

（出所）マイケル E・ポーター（2011），p.29.

CSR（Strategic CSR）」活動に取り組むべきである。従来の CSR と明確な区別がある（図表8-7）ことと，CSV 戦略の中核と方向性を明示するために，ポーターら（2011）は戦略的 CSR を CSV に改称した。

　それに，共通価値の創出には 3 つの方法がある。

・製品と市場を見直す

・バリューチェーンの生産性を再定義する

・企業が拠点を置く地域を支援する産業クラスターを作る[11]

　ポーターらの見解を踏まえて，マーク R・クラマー（Mark R. Kramer）（2017）[12]がエコシステム内で CSV の達成方法を次のように提示した。社会的問題は，社会プレイヤーとしての企業，政府機関，慈善団体，影響を受ける人々の連携した努力によってこそ解決できる。すべてのプレイヤーが協働した結果は「コレクティブ・インパクト」となる。そして，効果的な連携ができるエコシステムは，①共通アジェンダ，②共通の評価システム，③相互に補強しあう活動，④定期的なコミュニケーション，⑤活動に特化した「支柱」となるサポートという 5 つの要素から構成される。このような枠組みの下，コレクティブ・インパクトで，CSV が実現できる。

（2）援助プログラムによる共通価値創出

　援助プログラムの達成方法を，CSV 理論によって解釈することで，プログラムの目標は共通価値創出と考えられる。

①プログラムの達成方法

　Airbnb は，中国市場における自社の事業展開の促進と，金江村における社会的問題の解決を融合して取り組んでいる。これは援助プログラムの考案でもあり，実施方法でもある。

　（a）商品と市場の見直し

　Airbnb は中国の農村観光ブームから，農村部における宿泊業標準に従った宿泊施設に対する都市住民の消費需要が増大することを見通した。Airbnb の中国市場リストには，農村部にある民泊物件が僅か 22％である[13]。そして，

農村部にある物件全体を格付けすれば，ホテルのような宿泊業標準で施設・設備が揃って，隅々まで熱心にサービスを提供できるホストが同居する物件は極めて少ない。金江村の民宿は，自然環境に富む農村部に所在し，安全設備・生活家電が揃っていて，サービス教育を受けたマネージャーと周辺サービスも具備した民宿であるため，宿泊者のニーズに対応できている。

(b) 産業クラスターの補強

近隣の村落が壮大な棚田景観を有することに対し，金江村は相対的に静かでプライバシーを守れる環境であり，民俗や農作業の体験に適している。金江村の民宿は，より多い農家が民泊ビジネスへの参入に寄与できている。また，ツーリズム業の導入は，農村部にある新興目的地の建設として，観光スポット龍勝棚田の延伸でもあり，当地のリゾート式観光資源の充実でもあると見なされる。もう1つの側面に，Airbnb は村民への労働技能教育により，スキルを身に付けた労働者集団を育てて，地元ツーリズム業に適切な労働力を提供することでクラスターの補足にも当てはまる。

(c) コレクティブ・インパクト

Airbnb 社内のプログラムチームが主導的役割を担って，民泊ビジネス業者，政府機関，非営利団体，村民など各方面からの力を集結させ，コレクティブ・インパクトを形成してプログラムを推し進めた。Airbnb の依頼を受けて，民泊業者 Wadangwashe がマネジメントの指導のもと，ホテル設計業者 D+Architects がデザインの無償提供で，桂林市政府観光管理部門が特別ガバナンス指導で，桂林旅游学院が教育支援で，世界旅游連盟がイベント開催で，援助プログラムをサポートしてきた。また，村民自身もゲスト向けの周辺サービス提供で，民宿中心のツーリズム業を支えている。

②プログラムによる共通価値創出

上述のように Airbnb は本業を切り口に，民宿中心のツーリズム業導入を通じて金江村農家を援助している。プログラムの展開に連れて，Airbnb と金江村は共同で，民泊ビジネスを基に価値を創出している。民宿の稼働は，Airbnb，金江村および地域社会に対して，経済利益と複数のポジティブな効

果を生み出している（図表 8-6）。それぞれの成果は，社会と企業の両方にシェアされる共通価値を内包する（図表 8-8）。

図表 8-8　プログラムの効果に内包する共通価値

	対社会便益	対企業利益
社会と企業シェアする共通価値	対象＝金江村及び所在地域 ・貧困人口の貧困脱却 ・ツーリズム業育成で雇用創出 ・農村部活性化 ・人口資質向上 ・少数民族民俗の維持と活かし ・多方協働で内発的に協調と社会融合	対象＝Airbnb ・リスト充実 ・仲介物件の品質保証と向上 ・良き企業市民のイメージ樹立 ・ローカライズ経験蓄積 ・事業関連多方との協力関係構築と経験 ・新興目的地開発の先行試験

（出所）筆者作成。

　共通価値を創出することにより，社会的便益と企業利益を両立させることが実現する。プログラムによる共通価値創出の枠組みは，図表 8-9 に示す通りである。

図表 8-9　援助プログラムによる共通価値創出の枠組み

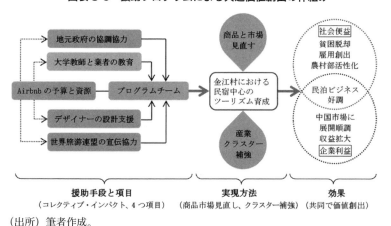

（出所）筆者作成。

　この援助プログラムは貧困脱却，雇用創出，農村部活性化など社会的問題の解決に役立つ。同時，企業としての Airbnb は，経済利益とマーケティング効果を得る。その利益と効果は，企業の成長と緊密に繋がり，中国市場で競争優

位を獲得するために，不可欠な取り組みである。つまり，Airbnb の金江村における農家援助プログラムの発案，達成方法，初期成果は，CSV と相応しい筋道を示すので CSV プログラムと認識して良い。そして，プログラムチームにより，Airbnb はこれから，金江村民宿を手本にして他の農村地方に民泊ビジネスを導入させる。このような事業活動は，Airbnb が中国市場に初の試行であり，CSV の試みと結論すべきである。

6．結　び

　Airbnb は本業の民泊ビジネスを基に，金江村における民宿中心のツーリズム業を育成している。当該プログラムには，社会と会社を両立する共通価値が創出されている。それで，この CSV の試みによって，Airbnb は中国で社会的問題を解決しながら事業を展開している。

　金江村における民宿中心のツーリズム業の導入と育成が，村落に居住環境改善，人口教育，村の活性化などの発展を果たした。一方，民泊事業はビジネスであるので，民宿中心のツーリズム業の収益力は，金江村民宿の存続の要素でもあり，援助を行った Airbnb にとっても CSV 戦略執行の社内評価指標でもある。故に，金江村の村民と Airbnb およびプログラムチームは，民宿と関連サービスの経営に力を持続的に入れなければいけない。2019 年 6 月まで，Airbnb は既に対金江村の援助に 150 万元（≈ 2,500 万円）を投入した。しかし，民宿の売上高が僅か 4 万元（≈ 60 万円）で，稼働率が 20％未満と予想以上に低くかった。したがって，民宿の収益性を高めることが当該プログラム今後の最優先課題と考えられる。また，Airbnb がこの試みの次に，CSV 戦略をどのように展開するかについて，引き続き注目をしていく。

【引用文献】

(1) Airbnb（2019），「Airbnb のリスティングにチェックインしたゲスト数が，のべ 5 億人を突破」，[online] https://press.airbnb.com/ja/airbnb のリスティングにチェックインしたゲスト数（2019 年 3 月 27 日アクセス）

(2) 易観（2018），「2018 中国在線旅游市場年度総合分析」，[online] http://www.100ec.cn/detail--6473038.html（2018 年 9 月 27 日アクセス）

(3) 沈建縁（2018），「Airbnb（愛彼迎）聯合創始人柏思齐：預計 2020 年中国将成全球最大客源国」，[online] http://www.sohu.com/a/227045449_118622（2018 年 4 月 2 日アクセス）

(4) 国家信息中心分享経済研究中心（2018），「中国共享住宿発展報告 2018」，[online] http://www.sic.gov.cn/archiver/SIC/UpFile/Files/Default/20180518161811753131.pdf, p.17.（2018 年 4 月 2 日アクセス）

(5) 艾媒報告（2018），「2018 上半年中国在線短租行業監測報告」，[online] https://www.iimedia.cn/c400/62324.html（2018 年 8 月 30 日アクセス）

(6) 中国国家統計局（2018），「中華人民共和国 2017 年国民経済と社会発展統計公報」，[online] http://www.stats.gov.cn/tjsj/zxfb/201802/t20180228_1585631.html（2018 年 2 月 8 日アクセス）

(7) 認定条件：最近 1 年間に接客経験 10 回以上，満点 5 点の評価に得点平均値 4.8 以上，予約キャンセルなし，即時返答率 90％以上。Airbnb のデータより，スーパーホスト物件が信用できる物件と見なされて予約の確率が増えるため，収入が普通ホストより 20％に上回る。

(8) 世界旅游連盟（2019），「世界旅游联盟 2019 年第三次会員日活動在広西桂林挙弁」，[online] http://www.wta-web.org/chn/xwdt/xw/201906/t20190614_876852.shtml（2019 年 6 月 14 日アクセス）．

(9) マイケル E・ポーター，マーク R・クラマー（2011），「共通価値の戦略」『DIAMOND ハーバード・ビジネスレビュー』2011 年 6 月号，p.11.

(10) マイケル E・ポーター，マーク R・クラマー（2008），「競争優位の CSR 戦略」『DIAMOND ハーバード・ビジネスレビュー』2008 年 1 月号，pp.36-52.

(11) 同文献（9），p.14.

(12) マーク R・クラマー，マーク W・フィッツァー（2017），「コレクティブ・インパクトと実現する 5 つの要素」『DIAMOND ハーバード・ビジネスレビュー』2017 年 2 月号，pp.16-28.

(13) 品橙旅游（2018），「WTA&Airbnb：共享住宿助力中国郷村振興報告」，[online] https://www.pinchain.com/article/175370（2018 年 11 月 6 日アクセス）．

（王　賽）

第9章　日本における子供服衣料品に対する
ブランド認知への影響要因

【要旨】

　これまで日本における子供服衣料品に対するブランド認知への影響要因に関する定量的な研究はほとんどない。そこで，本章では日本における子供服衣料品に対するブランド認知への影響要因を解明するために，ブランド認知の規定要因である「購買動機，知覚品質，関係品質及びインターネット要因」と「消費者のライフスタイル」で仮説を設け，アンケート調査を実施した。

　子供服衣料品の消費者のライフスタイルが「品質追求型」「ハイセンス型」「基本確保型」から構成されていることを検証した。そしてこれら3つのライフスタイルを活用して，ブランド認知の4つの規定要因を変数としてブランド認知の規定要因への影響を定量的に分析した。その結果，子供服衣料品消費者のライフスタイルがブランド認知の規定要因に対して影響力があることを実証した。

【キーワード】：日本，子供服衣料品，ブランド認知，影響要因

1. はじめに

　日本の子供服ブランドについて専門的に研究される文献はきわめてすくない。特に子供服市場が少子高齢化で縮小している。それを販売チャネル別にみると，2017年は紳士服・洋品，婦人服・洋品，ベビー・子供服・洋品，いずれも百貨店チャネルと量販店チャネルにて苦境が続いている。その一方で，いずれの品目も専門店チャネルとその他（通販等）チャネルで微増である。その

なかでシェアを上げているのはその他 (通販) チャネルである。その他 (通販等) チャネルにおいてネット系通販企業が引き続き好調を維持し，また実店舗を有する事業者ではオムニチャネル化への動きも活発となっている。一方で，カタログを主媒体としてきた総合系通販企業は軒並み厳しい状況が続いている [1]。

日本の子供服衣料品ブランドについて，低価格戦略で消費者によく利用されているのは「西松屋チェーン」，「バースデイ」(しまむら) 及び「アカチャンホンポ」などのショップ・ブランドである。アパレル業界では人気ブランドのGAP，無印良品，ユニクロなども子供服を取り扱っている。ショップ・ブランドとして多様な服種や雑貨を取り揃えた売上規模の大きい基幹ブランドを保有する一方，特定の服種を取り扱う単品ブランドも展開している。百貨店売場においても服種別売場を設けて，その売場で単品ごとにブランドを取りそろえる。このように単品ブランドも小売市場において一定の需要がある。とはいえ，アパレル小売店舗におけるブランドと服種の関係を歴史的に見ると，服種別売場展開からショップ・ブランド別売場展開へと変わっていった [2]。

本章ではブランド認知について，日本における子供服衣料品の視点から，消費者はブランド認知への影響要因について，東京都，大阪府，鹿児島県でのアンケート調査を実施して実証研究を行う。

2. 先行研究のまとめ

ブランド認知とは,そのブランドが「どの程度知られているか」と同時に「どのように知られているか」ということである [3]。

それに関する研究として,Aaker (1997) と Keller (2000) が代表的である。Aaker によると，ブランド認知では，想起集団 (ブランド名が与えられなくとも消費者自身が商品名を想定できる段階) に入ることが重要で，しかもブランド認知のステップは「知らない (未知)」の段階から「知っている (認知)」の段階を経て，「意識している」という想起段階に至る [4]。周知のように子供服衣料品という商品に対して,ほとんどの消費者が豊富な知識を持っている。しかし，

それに関する数多くのブランドが存在している。それらすべてのブランドについて十分な知識を持っている消費者が決して多いとは言えない。つまり，多くの消費者が子供服衣料品ブランドへの認知は「知らない（未知）」あるいは「知っている（認知）」の段階に位置している。

　また，Keller は，強いブランドを構築するためには競合相手と「差別化され，ブランドの認知度」が高いことが前提とある。それに基づいて，ブランドと消費者の間に強い信頼関係を築くことが重要である[5]。Aaker であれ，Keller であれ，いずれも「ブランド認知」の重要性を唱えていた。

3.　研究仮説・分析モデルと研究方法

(1) 研究仮説と分析モデル

　ブランド認知規定要因を購買動機，知覚品質，関係品質及びインターネット要因という4つの変数に大別した上で，本章では次の4つの仮説を提示する。

　仮説1　消費者のライフスタイルは購買動機に顕著な影響を与える。

　仮説2　消費者のライフスタイルは知覚品質に顕著な影響を与える。

　仮説3　消費者のライフスタイルは関係品質に顕著な影響を与える。

　仮説4　消費者のライフスタイルはインターネット要因に顕著な影響を与える。

本研究の分析モデルは図表9-1に示す通りである。

図表 9-1　本研究の分析モデル

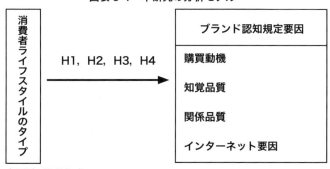

（出所）筆者作成。

(2) 研究方法

　本章は日本における子供服衣料品に対するブランド認知への影響要因に関する研究を解明するため，61 の質問項目のアンケート調査票を作成し，東京都，大阪府，鹿児島県の三地域で子供服衣料品の消費者を対象としてアンケート調査を行った。

　本章では，4 つの仮説を構築し，ライフスタイルによって消費者を分類した上で，「購買動機」，「知覚品質」，「関係品質」及び「インターネット要因」という 4 つの変数よりブランド認知への影響を定量的に分析した。

　日本における子供服衣料品の消費者にアンケート調査票 1,200 部を子供服衣料品専門店に通うお客様への留置法及び街頭調査法によって，アンケート調査票を回収後，解答未記入や無効分を除いて，1,055 部の有効回答を得た。具体的なアンケートの回収状況は図表 9-2 に示した通りである。

図表 9-2　アンケートの回収状況

調査方法	アンケート調査	配布時期	2018 年 7 月から
配布数（枚）	1200		2018 年 9 月まで
回収数（枚）	1200		
回収率	100%	配布場所	東京都
有効数（枚）	1055		大阪府
有効率	88.0%		鹿児島県

（出所）筆者作成。

　アンケートの有効回答には次のような特徴がある。アンケート調査の回答者の特性分析は，性別，婚姻，年齢，学歴，職業，月収（円）と世帯人数の 7 項目で行った。東京都，大阪府及び鹿児島県で行ったアンケート調査（有効サンプルは 1,055 件）に基づく記述統計分析である。

　アンケート調査の回答者の性別比では，「男性」（53.9%）が「女性」（44.5%）を，「既婚」（67.2%）が「未婚」（31.3%）を上回った。年齢は「50 代及び以上」（37.2%）が最も高く，次いで「30 代」（24.6%），「10 代」は 1 割にも満たなかった（4.9%）。

　アンケート調査の回答者の教育レベルは 4 割以上が「短大・専門学校」

（40.3％）で，続いて「大学」（36.2％），「大学院以上」が（11.4％）で 1 割程度となっている。

　職業の分布では「会社員」が半分ちかくを占め（41.9％），2 割以上は「アルバイト・パート」（23.7％），「職業なし」（2.2％）は最も少ない。平均月収では，「20 万円」が最も多く（47.7％），次いで「20 万円〜 30 万円」（19.7％）と 50 万円以上（20.4％）の割合はほぼ同じく 2 割前後である。

　世帯人数を見ると，「4 人」家族が最も多く（28.7％），次いで 2 番目は「2 人」（23.7％），3 番目は「3 人」（18.5％），「5 人以上」と「1 人」は約 1 割である。

4.　検証結果

（1）記述統計分析（平均値）

　まず，本章はアンケート調査表にはライフスタイルに関する 11 項目について，標本の記述統計分析結果は以下の図表 9-3 の通りである。

図表 9-3　記述統計分析平均値

	平均値	標準偏差
質問 1. 品質の良い子供服を買って着させる。	3.57	1.023
質問 2. よく子供服を買うためのショッピングをする。	3.13	1.083
質問 3. 子供服を買うよりも自分で作るほうが好きだと思う。	2.70	1.097
質問 4. 子供服のセンスを重視すると思う。	3.41	.966
質問 5. 子供服の流行を重視すると思う。	3.10	.964
質問 6. 気分転換のために子供服を購入することもあると思う。	3.05	1.003
質問 7. 買わなくても見るだけでショッピングに行くと思う。	3.36	1.096
質問 8. 違うタイプの子供服が好きだと思う。	3.57	.922
質問 9. 子供服を購入するために，頻繁にショッピングすると思う。	3.25	.824
質問 10. 子供服のスタイルよりも子供服の素材を重視すると思う。	2.92	.999
質問 11. よく実店舗を通して子供服を購入すると思う。	3.59	.923

（出所）統計分析結果に基づき筆者作成。

　次に，ライフスタイルについての因子分析の結果は以下の通りである。ライフスタイルについて 11 項目を主成分法（Principal axis factors）で因子を抽出し，Kaiser のルールに基づいて，固有値が 1 を超える共通因子を残し，直交回転によって，比較的明確な因子負荷量を算出する。そして，まず KMO

152

(Kaiser-Meyer-Olkin) 係数は 0.722 (KMO > 0.70) に達し，標本が適切であったことを示している。それ以外にバートネットの球面性検定のカイ二乗値は 2787.079*** であるため（p < 0.001），因子分析を行うのにふさわしいことが判明した。（図表 9-4）

図表 9-4　KMO および Bartlett の検定

Kaiser-Meyer-Olkin の標本妥当性の測度		.722
Bartlett の球面性検定	近似カイ2乗	2787.079
	自由度	66
	有意確率	.000***

注： 表示 p < 0.05 ; ** 表示 p < 0.01 ; *** 表示 p < 0.001
（出所）統計分析結果に基づき筆者作成。

図表 9-5　信頼性統計量

Cronbach のアルファ	標準化された項目に基づいた Cronbach のアルファ	項目の数
.760	.766	11

（出所）統計分析結果に基づき筆者作成。

　各項目の回転後3つの因子項目が抽出され，信頼度分析を用いてそれぞれの信頼度が規定範囲の中にあるため（図表 9-5 に示すようにクロンバックα値は 0.760），図表 9-6 に示したように，累積寄与率は 53.085％に達した。さらに，図表 9-6 の通りで，標本を3つのタイプに分けることになる。つまり，消費者のライフスタイルによって消費者タイプをさらに細分化することで，細分化された仮説で本研究の仮説を検証することになる。

(2) 消費者タイプの細分化

　本章では，東京都，大阪府，鹿児島県における子供服衣料品の消費者を研究対象としてアンケート調査を行った。消費者が何を求めて行動するのかという視点に立ちながら，日中における子供服衣料品を利用する消費者を分類することによって，本章の法則定立的なネットワークにおける個人特性を消費者の異なるベネフィットとして設定することになる。さらに，日本と中国の子供服衣料品の消費者を対象にライフスタイルが異なると，消費者タイプも異なってく

るとの意味で考えられる。

　子供服衣料品の消費者のライフスタイルは因子分析によって，3つの消費者タイプに分けられ，図表9-6の通りに左から右への順番からみると「品質追求型」，「ハイセンス型」，「基本確保型」と名付けられた。

図表9-6　回転後の成分行列a

	成分		
	品質追求型	ハイセンス型	基本確保型
1. 子供服を購入するために，頻繁にショッピングすると思う。	.708		
2. 違うタイプの子供服が好きだと思う。	.691		
3. 品質の良い子供服を買って着させる。	.652		
4. よく子供服を買うためのショッピングをする。	.624		
5. 美しい子供服を探したいと思う。	.565		
6. 気分転換のために子供服を購入することもあると思う。		.736	
7. 買わなくても見るだけでショッピングに行くと思う。		.702	
8. 子供服の流行を重視すると思う。		.694	
9. 子供服のセンスを重視すると思う。		.652	
10. 子供服を買うよりも自分で作るほうが好きだと思う。			.761
11. 子供服のスタイルよりも子供服の素材を重視すると思う。			.517
固有値	3.237	1.407	1.195
分散寄与率%	29.432	12.793	10.860
累積寄与率%	29.432	42.225	53.085
因子抽出法：主成分分析 　回転法：Kaiser の正規化を伴うバリマックス法			
a. 4 回の反復で回転が収束しました。			

（出所）統計分析結果に基づき筆者作成。

（3）仮説の検証

①仮説の細分化

　消費者タイプ名について，図表9-6のように左から右について，タイプ3を「基本確保型」と名付ける理由としては，子供服の基本的な役割を確保することを求めるからである。タイプ1の「品質追求型」は子供服のセンスより品質をもっと重視するからである。タイプ2を「ハイセンス型」と名付ける理由としては，子供服のセンスを重視し，美しくスタイルのよい服を求めるからである。上記の分析によって，消費者タイプを細分化する

と，具体的な仮説の細分化は以下のようになる。

H1　消費者のライフスタイルは購買動機に顕著な影響を与える。
H1-1　基本確保型ライフスタイルの消費者は購買動機に顕著な影響を与える。
H1-2　品質追求型ライフスタイルの消費者は購買動機に顕著な影響を与える。
H1-3　ハイセンス型ライフスタイルの消費者は購買動機に顕著な影響を与える。
H2　消費者のライフスタイルは知覚品質に顕著な影響を与える。
H2-1　基本確保型ライフスタイルの消費者は知覚品質に顕著な影響を与える。
H2-2　品質追求型ライフスタイルの消費者は知覚品質に顕著な影響を与える。
H2-3　ハイセンス型ライフスタイルの消費者は知覚品質に顕著な影響を与える。
H3　消費者のライフスタイルは関係品質に顕著な影響を与える。
H3-1　基本確保型ライフスタイルの消費者は関係品質に顕著な影響を与える。
H3-2　品質追求型ライフスタイルの消費者は関係品質に顕著な影響を与える。
H3-3　ハイセンス型ライフスタイルの消費者は関係品質に顕著な影響を与える。
H4　消費者のライフスタイルはインターネット要因に顕著な影響を与える。
H4-1　基本確保型ライフスタイルの消費者はインターネット要因に顕著な影響を
　　　与える。
H4-2　品質追求型ライフスタイルの消費者はインターネット要因に顕著な影響を
　　　与える。
H4-3　ハイセンス型ライフスタイルの消費者はインターネット要因に顕著な影響
　　　を与える。

　上記のように，それぞれ3つの消費者タイプに「購買動機」，「知覚品質」，「関係品質」及び「インターネット要因」という4つのブランド認知規定要因変数への影響についてアンケート調査のデータで重回帰分析を行った。分析結果は以下の通りである。

② 仮説1「購買動機」

図表9-7　細分化仮説1の重回帰分析の分析結果（購買動機）

予測変数	B 予測値	標準誤差	標準化 回帰係数（β）	t 値	有意確率 P 値
（定数）	1.622	0.076		21.452	.000***
H1-1 基本確保型	0.002	0.020	0.002	0.081	.000***
H1-2 品質追求型	0.215	0.019	0.331	11.384	.000***
H1-3 ハイセンス型	0.348	0.017	0.536	20.600	.000***
F 値	115.073***				
R2	0.595				

注： 表示 p ＜ 0.05；** 表示 p ＜ 0.01；*** 表示 p ＜ 0.001
（出所）統計分析結果に基づき筆者作成。

　細分化した仮設 H1-1，H1-2，H1-3 の成立を実証できたので，仮説 1 は成立している。さらに標準化係数ベータ値によって，H1-3 の標準化係数＞H1-2 の標準化係数＞H1-1 の標準化係数であるため，そのウエイトの順位はH1-3 のハイセンス型，H1-2 の品質追求型，H1-1 の基本確保型の順序である。

③仮説 2「知覚品質」

図表 9-8　細分化仮説 2 の重回帰分析の分析結果

予測変数	B 予測値	標準誤差	標準化 回帰係数（β）	t 値	有意確率 P 値
（定数）	1.606	0.088		18.275	.000***
H2-1 基本確保型	0.083	0.017	0.145	4.748	.000***
H2-2 品質追求型	0.206	0.016	0.360	12.515	.000***
H2-3 ハイセンス型	0.182	0.017	0.317	10.840	.000***
F 値	68.710***				
R^2	0.531				

注： 表示 p＜ 0.05；** 表示 p＜ 0.01；*** 表示 p＜ 0.001
（出所）統計分析結果に基づき筆者作成。

　細分化仮説の H2-1，H2-2，H2-3 が成立しているので，仮説 2 は成立している。さらに標準化係数ベータ値によって，H2-2 の標準化係数＞H2-3 の標準化係数＞H2-1 の標準化係数であるため，ウエイトの順位は H2-2 の品質追求型，H2-3 のハイセンス型，H2-1 の基本確保型の順である。

④仮説 3「関係品質」

図表 9-9　細分化仮説 3 の重回帰分析の分析結果

予測変数	B 予測値	標準誤差	標準化 回帰係数（β）	t 値	有意確率 P 値
（定数）	1.865	0.101		18.457	.000***
H3-1 基本確保型	0.014	0.016	0.026	0.857	.391
H3-2 品質追求型	0.213	0.015	0.399	14.109	.000***
H3-3 ハイセンス型	0.114	0.016	0.214	7.121	.000***
F 値	46.874**				
R^2	0.460				

注： 表示 p＜ 0.05；** 表示 p＜ 0.01；*** 表示 p＜ 0.001
（出所）統計分析結果に基づき筆者作成。

仮説3を細分化した仮設H3-1が成立してないが，仮設H3-2とH3-3が成立している。したがって仮説3については「部分成立」することを証明できた。さらに標準化係数ベータ値によって，H3-2の標準化係数＞H3-3の標準化係数＞H3-1の標準化係数であるため，ウエイトの順位はH3-2の品質追求型，H3-3のハイセンス型，H3-1の基本確保型の順である。

⑤仮説4「インターネット要因」

図表9-10　細分化仮説4の重回帰分析の分析結果

予測変数	B予測値	標準誤差	標準化回帰係数（β）	t値	有意確率 P値
（定数）	2.205	0.086		25.650	.000***
H4-1基本確保型	0.054	0.019	0.088	2.877	.000***
H4-2品質追求型	0.103	0.019	0.168	5.526	.000***
H4-3ハイセンス型	0.209	0.018	0.341	11.759	.000***
F値	40.229***				
R²	0.401				

注： 表示 $p < 0.05$ ；** 表示 $p < 0.01$ ；*** 表示 $p < 0.001$
（出所）統計分析結果に基づき筆者作成。

細分化仮設H4-1，H4-2，H4-3が成立するので，仮説4は成立する。さらに標準化係数ベータ値によって，H4-3の標準化係数＞H4-2の標準化係数＞H4-1の標準化係数であるため，ウエイトの順位はH4-3のハイセンス型，H4-2の品質追求型，H4-1の基本確保型の順である。

5.　仮説検証の結果と考察

(1) 仮説検証の結果

本章は日本における子供服衣料品に対するブランド認知への影響要因に関する研究を解決するため，実証研究を行った。

図表 9-11　仮説検証の結果

	項目	地域	F 値	全体 P 値	分析結果	
1.	購買動機	日本	115.073	0.000***	仮説 1 が成立する	○
2.	知覚品質	日本	68.710	0.000**　(H3-1 だけは 0.391)	仮説 2 が部分成立する	△
3.	関係品質	日本	46.874	0.000***	仮説 3 が成立する	○
4.	インターネット要因	日本	40.229	0.000***	仮説 4 が成立する	○

注：　○：成立　△：部分成立　×：不成立
注：　* 表示 $p < 0.05$; ** 表示 $p < 0.01$; *** 表示 $p < 0.001$
（出所）統計分析結果に基づき筆者作成。

　子供服衣料品消費者のライフスタイルとブランド認知の規定要因である購買動機，知覚品質，関係品質，インターネット要因とで 4 つの仮説を設定した。そして回収したアンケート調査票を活用し因子分析によって消費者のライフスタイルを 3 つの「消費者タイプ」に分け，4 つの仮説を細分化した。それに加えて重回帰分析を実施した結果，日本における子供服衣料品消費者のライフスタイルがブランド認知の規定要因に対して影響力があることを実証できた。

　図表 9-11 に示したように，仮説 1（消費者のライフスタイルは購買動機に顕著な影響を与える。），仮説 2（消費者のライフスタイルは知覚品質に顕著な影響を与える。），仮説 4（消費者のライフスタイルはインターネット要因に顕著な影響を与える。）は成立した。基本確保型の消費者が子供服衣料品の品質にこだわらないため，仮説 3-1 が成立しない結果となり，仮説 3（消費者のライフスタイルは関係品質に顕著な影響を与える。）は部分成立となった。

（2）考察
1）先行研究との比較について
①共通点
先行研究も本研究もブランド認知の重要性を示していることである。

②相違点
　先行研究にはブランド認知について基本的な研究を把握しているが，本章ではまず因子分析を用いて消費者タイプを 3 つの「基本確保型」，「品質追及型」，

「ハイセンス型」に細分化する上で，消費者タイプごとにブランド認知の影響要因との影響関係を仮説1から仮説4まで検証した。さらに日本子供服衣料品消費者を対象に，ブランド認知の規定要因の「購買動機」，「知覚品質」，「関係品質」，「インターネット要因」について実証研究を行った。その結果，日本の子供服衣料品市場において「品質追及型」，「ハイセンス型」の消費者はブランド認知の規定要因に最も正の影響を及ぼすことを実証した。

2) 相違点についての要因

日本の子供服衣料品の消費者は，ブランド認知に対して「未知の段階」と「認知の段階」を超えていながら，本章の研究対象とする日本の子供服衣料品の消費者は，ブランドについての認知は「品質のよい」と共に「センスのある」の「証」と考えられるため，実証研究結果として「品質追及型」と「ハイセンス型」の消費者はブランド認知の規定要因に最も正の影響を及ぼすという結果になった。

6. 結　び

今後，中国における子供服衣料品に対するブランド認知への影響要因に関する研究も定量的に分析する予定で，子供服衣料品に対する日中ブランド認知への影響要因に関する比較研究をさらに行う。そして，検証結果により，子供服衣料品企業のマーケティング活動がもっと上手に行ってほしいと願うとともに，これからのネット時代に合わせてインターネット要因を活かしたマーケティング活動を期待する。

【引用文献】
(1) 矢野経済研究所：https://www.yano.co.jp/press-release/show/press_id/1754.（2019年2月15日アクセス）
(2) 伊勢丹（1990），『伊勢丹百年史―三代小菅丹治の足跡をたどって』p.568。
(3) MBA用語集．ブランド認知：https://mba.globis.ac.jp/about_mba/glossary/detail-11961.html.（2019年1月16日アクセス）
(4) Aaker, D.L. (1997), "Dimensions of Brand Personality, "*Journal of*

Marketing Research, vol. 34, p.356.
(5) Keller, K.L.(1998), *Strategic Brand Management: Building, Measuring, and Managing Brand Equity*, Prentice Hall, 恩藏直人, 亀井昭宏訳 (2000), 『戦略的ブランド・マネジメント』東急エージェンシー, p.334.

（黄　晶）

第10章　鹿児島における中小企業のデザインマネジメント

【要旨】

　近年,日本の国内企業は,海外企業のように高度な技術や高品質商品を,感性・創造性から生み出す経営戦略を採用することが減少している。その戦略の「デザインマネジメント」を採用し，良い成果を得ている企業の多くは大手企業である。この研究は鹿児島地域の企業活性化を図るためには不可欠であり，重要な意義を持つ。

　そこで，本章では，デザインマネジメントに関する先行研究を収集し，その先行理論を援用して鹿児島の中小企業を面談調査し，その実態と課題を明らかにする。

　結論的に言えば，デザインマネジメントを上手く用いている中小企業では，トップである経営者がデザインの重要性を十分に理解している。その経営者がデザイン思考を身につけていたり，あるいは経営指針として示したりすることが共通点である。

【キーワード】：中小企業，ブランド，デザイン，デザインマネジメント

1.　はじめに

　20世紀のモノの生産を軸にした時代から，21世紀はブランドづくりの時代へと変化し，商品の生産も従来と異なった新たな方法が生まれつつある。さらに近年は，アップルやダイソンなどの活躍により，企業間競争において製品の

デザインが重要な役割を果たすようになった。企業はブランドを作る際には，デザインが必要とされ，経営，企画，研究開発，営業，広報，法務などの全ての現場でデザインの重要性が強調されている。しかし，部門の垣根を超え，一貫した経営理念でデザインを重視する企業は少ない。ほとんどの企業では，デザインが一部の目標達成のための一つの手段にすぎない。

デザインという言葉は，今日では日常用語となっている。デザインは，あるときはモノづくりの重要な契機と見なされ，あるときは商品の販売のための商業主義的策略と見なされている。ブランドの「デザイン」とは，そのブランドが発信されるあらゆるタッチポイントで [注-1]，「ブランドの価値観」が表現されたものである。顧客はそれらのデザインによって，「ブランドの価値観・世界観」を感性的に体感することができる。

デザインマネジメントとは，デザイン資源の戦略的活用を指す概念である。近年，デザインマネジメント分野の研究は飛躍的に進んできたが，中小企業や零細企業についての研究は少ない。中小企業は大企業と比べ資金や人材に制限があるものの，組織構造が単純であるメリットを活かし，意思決定の実践を比較的容易に行うことができ，また組織が小さければ小さいほど事業を修正しやすい。さらに，様々なリスクも軽減ができる。その観点から中小企業のデザインマネジメントの研究は，従来の大企業を中心とした理論・研究とは質的に異なるものであり，別途の研究が求められる。

2. 日本の中小企業

(1) 日本の中小企業の現状

日本の中小企業は，全企業数の 99.7% を占めており，国民の生活に密着した財やサービスの提供をしている。また，中小企業の中には，世界市場の獲得につながる先端技術や，地域で育まれた伝統と特性を有する多様な地域資源を活用する担い手が多く存在する。全国で 4,685.7 万人の従業員が雇用されている中で，中小企業は 3,345.7 万人で約 7 割を占めている。中小企業の付加

価値の担い手を考察してみると，中小企業は全体の約 51％を担っており，中小企業数が全体企業の 99.7％を占めているのに対して，付加価値の貢献度は相対的に小さい。

(2) 日本企業のデザインマネジメントの現状

　近年，競争優位の源泉としてデザインの重要性が指摘される一方，企業内部のデザイン活動の実体は十分に明らかであったとは言いがたい。長谷川（2011）[1] は，競争優位の源泉の構築は企業にとって重要な課題であると指摘している。科学技術創造立国を標榜する日本では，高度な研究開発能力が競争優位の源泉として意識されている。研究開発能力は新製品やサービスを生み出すために重要であると言われながらも，近年の投資は収益に繋がらなかった。一方，競争優位の別の源泉であるデザインも重要である。日本能率協会コンサルティングは 2004 年に製造業 1,500 社を対象に調査を行い，デザインが企業の商品開発にとって重要であり，戦略的なデザインの取組みが事業収益に寄与し，経営トップの積極的なデザインへの関与が，事業収益への寄与度を高めると指摘していた。

　平成 20 年に実施した統計調査は [2]，研究開発活動を実施する企業のデザイン活動の実態を明らかにするための試みである。同研究によると，企業が実施している意匠に関するデザイン活動は 6 割，情報技術に関するデザイン活動が 4 割を占めている。デザイン活動の実施割合は企業規模が大きければ大きいほど高い。主な業種におけるデザイン活動の人数を見ると，半数近い企業が 1〜2 名に過ぎず，これらの企業ではデザイン活動の拡大余地は極めて小さい。意匠に関するデザイン活動とインターフェースに関する活動で若干の違いはある。デザイン活動を担う組織構造を見ると，約 4 割の企業が研究開発部門の業務の一環としてデザイン活動を実施している。3 割の企業はデザインの専門部署を有し，その一部が研究開発部門の中に設置されていることもある。企業規模が大きくなるにつれ，デザインの専門部署が設置される割合は高くなる。そして，資本金 100 億円以上の企業のうち 3 割はデザイン活動を研究開発部門の業務の一部として配置している [3]。

　製品を構成する要素は製品化技術だけではなく，意匠・インターフェース等のデザイン的要素がある。意匠やインターフェースは研究開発プロセスの最後に付け加えられるものではなく，時として研究開発の上流工程から関与している[4]。組織構造に関する分析の結果は研究開発活動とデザイン活動が密接な関係があるが，研究開発マネジメントとデザインマネジメントとの間には相互作用やコンフリクト等が存在しており，今後統合的に研究すべきであることを示唆している。

(3) 鹿児島の中小企業の現状

　鹿児島県は日本の西南部に位置し，二つの半島と多くの離島から成る南北約600km にわたる広大な県土を有している。鹿児島県の中小企業は約 6 万社で全企業数の 99.9％に上り，全従業員数の 88.2％を占め，ものづくり分野における重要な担い手となっている。また基幹産業である農林水産業や観光産業を支える基盤でもある。さらに，地域雇用の受け皿になっているとともに，地域に密着した商品・サービスを提供している。これらを通じて，地域の経済・社会・雇用の各分野において大きな役割を果たしている。

　総務省の平成 28 年経済センサス・活動調査結果を見ると[5]，都道府県別ランキング産業細分類における人口 1 千人当たりの鹿児島県事業所数は，「一般乗用旅客自動車運送業（タクシー業，ハイヤー業など）」，「獣医業」，「その他の公衆浴場業（温泉浴場業，スーパー銭湯など）」がトップ 10 位の中に入っている。市町村別ランキングでは，「海面養殖業」，「茶・コーヒー製造業（清涼飲料を除く）」，「織物業」がトップ 5 位の中に入っている。

　鹿児島県の中小企業は，第一次産業の中で重要な役割を果たしているが[注-2]，有効な自己ブランドを有していることが少ない。加えて多くの経営者のデザインマネジメント力が不足している。

3.　デザインマネジメントに関する先行研究とその問題点

(1)　デザインマネジメントに関する先行研究

　戦後，企業はデザインを重要な経営資源として認識するようになった。そして学術的研究においては，デザインを重要な経営資源と捉えた事業展開を行うことの有用性を示している。例えば Walsh (1996) は，デザインを経営戦略の中核に据えて積極的あるいは意識的に活用している企業が，成長率，利益率，ROI（対資本利益率）等の面で高いパフォーマンスを発揮していることを示している[6]。また，Mozota (2003) はデザインに多大な投資をしている企業がそうでない企業に比べて高いパフォーマンスを発揮していることを示し，デザイン活動への投資を比較的早期に回収できるほど，高収益率であることを指摘している[7]。佐藤 (2004) は[8]，デザイン・マネジメントの手法を導入するという意味では，大企業よりも中小企業の方がはるかに有利であるとしている。デザインマネジメントにおける基本要件のひとつは，企業のデザイン・ポリシー等が企業全体に浸透し，製品全体の統合化がうまく図られていることである。規模の小さい中小企業は，一貫したデザインの考え方を製品や企業全体に浸透させやすいため，デザイン活動が効率化され，優れたデザインを通じたブランド形成を実現する可能性をもつという。Dickson, Schneier, Lawrence, and Hytry (1995) は，急成長している中小企業の CEO へ質問票調査を実施し，因子分析から 5 つのデザインマネジメントスキルを抽出していた。具体的には，(1) コスト見積もりや CAD (Computer aided design)，生産性などに関する特別なスキル (Specialized skills)，(2) 高品質で低コストの製品を素早く生み出すデザインプロセス管理のスキル (Basic skills)，(3) デザインプロセスに顧客やサプライヤーを巻き込むスキル (Involving others)，(4) 部門横断型の組織編成など，変化を生み出すスキル (Organizational change)，(5) 競合のイノベーションに気づき，素早く製品を投入するスキル (Innovation skills) である[9]。Gorb (1990) は，デザインマネジメントを「企業目標の遂行に向け，

ラインマネージャーが利用できるデザイン資源の効果的な展開」だと定義している。具体的には，(1) デザインの内外製を決めるデザイン組織のマネジメント，(2) デザイナーのマネジメント教育，(3) マネージャーのデザイン教育，(4) デザインプロジェクトの管理，(5) デザイン資源の展開や組織内の位置付けに関するデザイン組織のマネジメントである。

(2) 先行研究の問題点

　現在既存のデザインマネジメントの先行研究の多くは大企業を対象としている。一方，中小企業に関する研究は少ない。中小企業のデザインマネジメントはどのように具体化されているかについては明らかになっていない。そのため，デザインマネジメントをより精緻に概念化する研究が必要である。

4. 訪問調査の分析結果

(1) 調査方法と分析方法

　鹿児島において農業は主要な産業である。そこで同県の代表的なブランド企業，堀口製茶会社と福山黒酢株式会社を事例研究の企業として選定する。両社のリーダーは日本だけではなく，世界を目指している。そして，それらの経営者がどのようなデザインマネジメンを用いているかを，事前に作成した質問票に基づいて面談調査を実施した。筆者のデザインマネジメントに関する定義は，「デザインする側はデザイナーだけではなく，企業のリーダーや経営理念，製品開発に含むマネジメントであり，各企業内部の部門間の協力を得て，消費者の需要を満たして社会に貢献すること」である。同マネジメントの定義に従い設問を人事管理，財務管理，開発管理，生産管理，販売管理（マーケティングマネジメント）の項目に分けて，さらに経営戦略と経営戦術に分けて設定した。面談調査において前半では質問票に基づき，後半では自由問答の形式で調査を実施した。このとき，調査内容を録音した。その後，面談調査の録音を書き起こし記録からキーワードや重要な内容を抽出して質問票の項目上にマッピングをした。類似する言葉をグ

ルーピングして共通する要因を関連づけて分析した。また同様に企業ごとの分析結果を人事管理，財務管理，開発管理，生産管理，販売管理の項目と，経営戦略と経営戦術にあわせマッピングし，一枚のシートにまとめた。

図表 10-1　調査対象

会社名	鹿児島堀口製茶有限会社	鹿児島福山黒酢株式会社
所在地	鹿児島県志布志市有明町蓬原 758 番地	鹿児島県霧島市福山町福山 2888 番地
設立時間	平成元年 4 月	平成 15 年 4 月
代表者	代表取締役堀口泰久	代表取締役津曲泰作
従業員数	30 名（平成 28 年 1 月現在）	100 名（平成 28 年 1 月現在）
事業内容	茶の製造，販売	黒酢の製造，販売
資本金	500 万円	1000 万円

（出所）インタビューにより筆者作成。

(2) 分析結果

2 つの企業の調査から得た分析結果を図表 10-2 と図表 10-3 に整理した。

図表 10-2　経営戦略分析結果

会社名	堀口製茶有限会社	福山黒酢株式会社
経営戦略	・外部デザインチームと連携 ・野望をもつ ・遠大な目標を設定する ・デザインに対して，強い信念 ・トップとしてデザインを客観的に評価 ・新分野へ開拓する ・最高の品質を保証する ・メーカーと共生共栄 ・ブランドを確立する ・新たなブランドを作る ・海外進出の戦略 ・海外市場の開拓	・少数精鋭の戦略 ・デザインチームを持っている ・デザインの考え方をまとめ ・野望をもつ ・遠大な目標を設定する ・デザインに対して，強い信念 ・トップとしてデザインを客観的に評価 ・新分野へ開拓する ・生活必需品を目指す ・最高の品質を保証する ・ブランドを確立する ・海外進出の戦略 ・海外市場の開拓

（出所）インタビューにより筆者作成。

図表10-3　経営戦術分析結果

会社名	堀口製茶有限会社	福山黒酢株式会社
人事管理 経営戦術	・外部のデザイン資源を有効利用する ・社長はデザイン最高責任者	・産業の専門性と自社のデザイン理念を徹底する ・社長はデザイン最高責任者 ・優秀な人材を集める ・将来に海外進出を視野にする ・社長はデザイン最高責任者 ・デザイン部門を拡大したい ・デザイナー教育する ・メンバーの構成をバランスする ・若手の力を活かす ・デザインの仕事に対して上下関係なく平等である
財務管理 経営戦術	・外部デザイン事務所と連携 ・支出を抑える	・安定な収入 ・資金調達をバランスよくする
開発管理 経営戦術	・斬新な概念で商品を開発する ・売上に貢献するものを優先する ・自社のブランドの人気商品は慎重に展開する	・新商品を開発する ・デザインの品質を最優先 ・生活者を重視する ・マーケット，ニーズの変化に合わせる ・商品差別化
生産管理 経営戦術	・品質管理を徹底する ・ノウハウを共有する ・在庫を抱えないことを優先する	・品質管理を徹底する ・ノウハウを共有する ・デザイナーは生産部門と密な連携を重視する ・デザインの品質を管理，確保
販売管理 経営戦術	・海外市場を開拓 ・ブランド知名度の向上 ・IT技術を活用する ・展示会を利用する	・海外市場を開拓 ・積極的に商品のデザインをアピールする ・市場調査をして販売 ・ユーザー体験を重視する ・多様な流通通路を利用する ・ネットストア ・SNSで宣伝

（出所）：インタビューにより筆者作成。

　中小企業のデザインマネジメンの考察について以下のようにまとめる。

　人事管理，財務管理，開発管理，生産管理，販売管理の5つの項目から，デザインマネジメントを考察した[注-3]。今回調査した2つの企業を比較すると，デザインチームを持っている企業のほうが，デザインマネジメントも良かったという結果になる。黒酢企業は少数の精鋭メンバーで優れたデザイン力を持つデザインチームを社内に設立している。それに対し堀内製茶企業はデザイナーを社内に持たずに必要な時のみデザイナーに依頼している。デザインチームを持つ企業は企業活動のデザイン反応に対して，迅速に方案を作成し，デザイン

活動の時に主導的な役割を果たすことができている。つまり，中小企業のデザイン資源を社内に求めるか，あるいは社外に求めるかは，それぞれの企業のデザインマネジメントに影響を与えており，消費者の同ブランドへの認知度や売り上げにも反映されている。さらに両企業のインタビューを通じて数字では測定し難いデザインは，企業の価値を生むあとづけの「お飾り」よりも，その企業の心，魂を示していたことが分かった。

　研究開発能力は新製品やサービスを生み出すために重要であると云われている。同様に，競争優位の別の源泉としてデザイン能力が重要であると指摘されている。研究開発はデザイン活動の一部であり，デザインは新しいものを創造するだけではなく，古くなったものをアレンジする機能も持っている。その機能も立派なデザインである。製品デザインへの投資がパフォーマンスにプラス影響を与えるとの結果を引き出したが，単純にスタイリング，良いパフォーマンスのみ追及するものでは無かったことを指摘している。

　デザインマネジメンを上手く用いている中小企業には，トップである経営者がおり，彼らはデザインの重要性を十分に理解し，デザイン思考を身につけ，あるいは経営指針として示している[注-4]。そして，デザイン思考を受け入れ，デザイン思考の発揮されやすい環境に整え，時には伝統要素も発展させるために変えていく。

5.　結　び

　本章は「中小企業のデザインマネジメントはどのように用いているか」という疑問を持って研究をはじめ，定性研究を主な研究手段とし，理論と現実を結び付けて研究を行ったが，まだいくつかの課題が残っている。

　第一に，地域の限界である。訪問調査の対象と時間的には制限があり，今後その他の地域の中小企業のデザインマネジメンを解明すること。

　第二に，業種の限界である。今回の研究は，製造販売業のデザインマネジメンの方針の重要性を示している。しかし，そうした方針を具体化したら成功す

るかどうか明らかになっていない。そして，デザインマネジメンをより緻密に概念化することが大きな研究課題である。今後，その他の産業のデザインマネジメンの現状を視野に入れて分析する。

　第三に，業績の限界である。今回の訪問調査対象はデザインマネジメンを用いたが，社内にデザインマネジメンを用いた業績と自社の売上の関係はまだ明らかではない。今後デザインマネジメンと売上との関係性の解明を研究課題にする。

【注釈】
(注 -1)　タッチポイントとは，顧客とブランドの接点・接触面のことを指す。
(注 -2)　第一次産業には，自然界に働きかけて直接に富を取得する産業が分類される。クラークによれば農業，林業，漁業（水産業）がこれに該当する。
(注 -3)　上述の両企業における面談調査の結果から，企業の独自のデザインマネジメンの基礎概念を抽出することができた。
(注 -4)　生産力の低い「つくれば売れた」時代と異なり，現在は良いデザインの製品でも売れないので，単純にスタイリングのみを追求するだけではなく，製品の性能，品質，機能もデザインしなければならない。企業の経営者は，a) デザインの役割は価値創造だと認識している，b) 新たな使い手のニーズに注目している，c) ブランドを届けるためのツールとしてデザインを捉えている。

【引用文献】
(1) 長谷川光一 (2011)，「日本企業のデザインマネジメントの現状」『日本知財学会誌』8 巻 1 号，p.39。
(2) 長谷川光一，永田晃也 (2008)，「日本企業のデザインマネジメント：平成 20 年度民間企業の研究開発活動に関する調査結果より」『研究・技術計画学会第 23 回年次学術大会講演要旨集』，pp.641-644。
(3) 長谷川光一 (2011)，前掲書，p.39。
(4) 長谷川光一・永田晃也 (2008)，「イノベーション研究におけるデザイン的要素への視点」『研究・技術計画学会第 23 回年次学術大会講演要旨集』，pp.943-946。
(5) 総務省 (2018)，「ランキングでみた 産業別・地域別の経済活動」『統計トピックス No.111』。統計トピックスホームページ https://www.stat.go.jp/data/topics/index.html
(6) Walsh, V. (1996) , "Design, Innovation and the Boundaries of the Firm", Research Policy, Vol.25, pp.509-529.
(7) Mozota, B.B. (2003), *Design Management: Using Design to Build Brand Value and Corporate Innovation*, Allowth Press.

(8) 佐藤典司 (2004),「中所企業経営とデザインマネジメント」『りそなーれ』4 月号, pp.6-12。

(9) Dickson, P. Schneier, W., Lawrence, P. & Hytry, R. (1995),"Managing design in small high-growth companies", *Journal of Product Innovation Management*, 12, pp.406–414.

（袁駿・康上賢淑）

第 2 編

東アジアの社会・観光・経営
（英語論文）

Chapter11　Study on the Problem and Countermeasure of Population Aging in China

【Abstract】

At present, the population aging has become an extremely serious social problem in China, which has seriously affected the social and economic development of China. Overall, causes of the population aging are complicated. On the one hand, the implementation of the family planning policy has reduced the fertility rate of China's population; on the other hand, with the rapid development of social economy and the continuous improvement of people's living standards, the elderly have better conditions for old-age care; moreover, due to the progress of modern medicine, the average life of the elderly has been greatly increased. Many factors lead to the decline of newborns and the young adults in China, but the increase of the proportion of the elderly population, which results in the increasingly serious population aging. Based on the latest statistical data, this paper analyzes the present situation and characteristics of China's population aging, finds out the existing problems and puts forward the corresponding countermeasures.

Fund: Hunan Social Science Achievement Evaluation Committee (XSP19YBC099); Innovation Platform Open Fund Project of Hunan Provincial Department of Education (18K082).

【Key words】: China's population, aging, the elderly, old-age care, security

1. Introduction

Blue Book of Elderly Health: Health Report of the Elderly in China (2018) issued in Beijing on January 26, 2019 shows that China's population aging is ahead of its economic development. As the aging society approaches in 2026, it is difficult for

China to reach the level of "rich" with the current economic development trend, which makes China face more serious risks. Moreover, the proportion of total social expenditure on the old-age care, medical care, care, welfare and facilities in GDP is expected to grow from 7.33% to 26.24% between 2015 and 2050, with an increase of 18.91%. If the proper countermeasures are not taken, the population aging may depress the annual potential growth rate of China's economy by about 1.7%. "From 2000 to 2017, the number of people aged 60 and over in China has increased from 126 million to 241 million, which is almost doubled, and the proportion in total population has increased from 10.2% to 17.3%." Compared with the situation of "entering aging society while people had become rich" in Japan and the situation of "entering aging society after people had become rich" in Singapore, the situation of China is "entering aging society before people had become rich", and China is one of the first countries in the world to "enter aging society before people had become rich".

China is entering a serious aging society. According to United Nations Standards, a country is regarded as entering an aging society if the elderly over 60 years old accounts for 10% of the total population of a country and the 65-year -olds elderly accounts for 7% of the total population of a country. According to the latest data published by the National Bureau of Statistics in 2019, there were 249.49 million population aged 60 and over in China in 2018, accounting for 17.9% of the total population, including 166.58 million population aged 65 and over, accounting for 11.9% of the total population.

In contrast to the rapid growth of the population over the age of 60, the proportion of the labor force population is shrinking. Although the "overall two-child policy" has been implemented for three years, it still has not changed the gradual decline of birth population in China. According to the data from National Bureau of Statistics, China's birth population declines by 2 million in 2018 from that in the previous year and has hit a new 40-year low since 1978.

Green Book of Population and Labor: Reports on China's Population and Labor published recently by Institute of Population, Chinese Academy of Social Sciences forecasts that as the peak birth cohort in the 1950s continues to exceed the working-age population, the old-age dependency ratio will keep raising before 2060 and exceed the children's dependency ratio around 2028. The dependency ratio is the ratio of the non-working age population to the working age population;

the higher the dependency ratio, the greater the dependency burden of the working age population. So, the development of the elderly health services faces serious challenges, with "the great challenges and more problems".

According to the forecast, the disabled elderly population in China will reach 21.85 million by 2020 and the population aged 60 or over in China will reach 16.45 million by 2030, which mean the demand for health services and day care will increase. At present, the clear policy document on the old-age care and medical services for the elderly mentally disabled, disabled and semi-disabled is unavailable, a few of relevant contents are reflected in *Opinions on Further Strengthening of Preferential Treatment for the Elderly from the Office of China National Working Commission on Aging and Other 24 Departments* published in 2013. Moreover, research shows that in order to avoid risks and reduce costs, the old-age care institutions accept the elderly who can take care of themselves but reject to accept the disabled and semi-disabled elderly.

2. Analysis of the Present Situation of China's Population Aging

By the end of 2018, the total population of the mainland china (including population of the active servicemen of 31 provinces, autonomous regions, municipalities directly under the central government and active servicemen of the Chinese People's Liberation Army, excluding population of Hong Kong and Macao Special Administrative Regions and Taiwan provinces, and overseas Chinese) was 1395.38 million, with an increase of 5.3 million over that of the previous year. From the perspective of age structure, the working-age population aged 16 to 59 is 901.99 million, accounting for 64.9% of the total population; the population aged 60 and over is 249.77 million, accounting for 17.9% of the total population, of which 72.8388 million people are aged 65 and over, accounting for 5.22% of the total population.

A total birth population was 15.23 million people in 2018, with a decline of 2 million from that in 2017, and the birth rate dropped sharply to 10.9%. At the same time, although the aging degree has declined, it is not obvious; the proportion of the elderly over 60 and 65 years old in the total population raised continuously from 2008 to 2017, and the proportion of the aging population in the total population declined by just 0.7% in 2018.

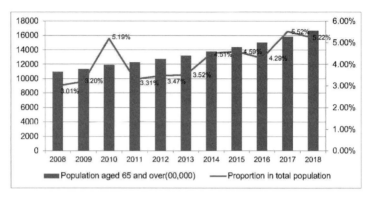

Figure 11-1 : Trends of Population Aged 65 and Over in China from 2008 to 2018

Data source: based on the data collected by the National Bureau of Statistics

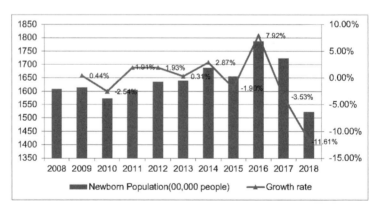

Figure 11-2 : China's Newborn Population and Its Growth from 2008 to 2018

Data source: based on the data collected by the National Bureau of Statistics

China's population aging degree is deepening rapidly. In 2018, there were 249.77 million population aged 60 and over in China, accounting for 17.9% of the total population, including 72.8388 million population aged 65 and over, accounting for 5.22% of the total population. It is expected that by 2020, the elderly population will reach 248 million and the aging level will reach 17.17%, of which 30.67 million will be over 80 years old; and 300 million will be over 60 years old by 2025, and China will be stepped into old age society. Considering the intensification of family planning work in the late 1970s, it is expected that the population aging process of China will reach its peak by 2040, after which it will be entered a deceleration period.

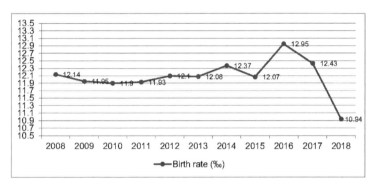

Figure 11-3 : Trend of China's Birth Rate from 2008 to 2018

Data source: based on the data collected by the National Bureau of Statistics

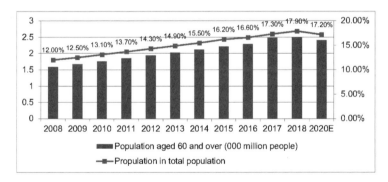

Figure11-4 ： China's Population Over 60 Years Old and Its Proportion from 2008 to 2020

Sources: Public Data Collection

By the end of 2018, the total population of the mainland china (including population of the active servicemen of 31 provinces, autonomous regions, municipalities directly under the central government and active servicemen of the

Chinese People's Liberation Army, excluding population of Hong Kong and Macao Special Administrative Regions and Taiwan provinces, and overseas Chinese) was 1395.38 million, with an increase of 5.3 million over that of the previous year.

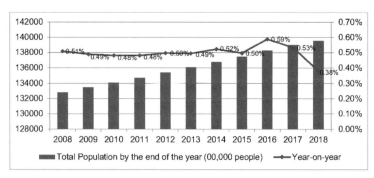

Figure 11-5 : Total Population and Growth in China from 2008 to 2018

Data source: based on the data collected by the National Bureau of Statistics

3. Analysis of the Characteristics of China's Population Aging

(1)The absolute number of the elderly in China is large and the development trend is rapid. According to the survey, China's elderly population accounts for 20% of the world's elderly population, and the average annual growth rate of population aging is about five times that of the total population. From 2011 to 2015, the number of people over 60 years old in China increased from 178 million to 221 million, and the proportion of elderly population increased from 13.3% to 16%. Such a rapid population growth rate and quantity of growth has led China to enter the aging society ahead of other countries.

(2)The development among different regions is unbalanced, with urban and rural areas inverted. On the one hand, under the influence of the family planning policy of "fewer and healthier births, late marriage and late childbirth" in the 1970s, the fertility rate in urban areas was lower than that in rural areas; on the other hand, a large number of young adults in rural areas went to the first-tier and second-tier cities for development, the population of the elderly in rural areas increased, especially the empty-nest and solitary elderly, and the rural population aging was becoming more and more serious, all of which led to the unbalanced population aging development between the regions, with urban and rural areas inverted.

(3)The trend of aging has intensified. Du Peng (2019), a professor of Population and Development Research Center of Renmin University of China, argues that the advanced ages have a higher morbidity than other elderlies and need more care; the advanced ages is the most vulnerable group among the elderly and is a major difficulty in solving the problem of old-age care. According to the survey, 1 million advanced ages is added each year in China, and such a substantial increase will continue until 2025.

(4)The growth rate of the solitary and empty-nest elderly is accelerated and its proportion is increased. With the urbanization is accelerated unceasingly, in the family model, the traditional three generations living under a roof is becoming less and less, there are more and more small families; in addition, with the quickening pace of urban life, the younger adults spend less time with their parents, thus the traditional family care for the old-age in China is being gradually weakened. According to the latest survey, it is expected that by 2020, the number of the solitary and empty-nest elderly will increase to about 118 million, and the solitary and empty-nest elderly will become the "main force" among the elderly.

4. Problems of China's Population Aging

With the acceleration of population aging in recent years, the payment for supporting the elderly has put great pressure on the young adults with a relatively small proportion of the population, and social wealth creation and modernization cannot meet the demand for rapid development of the elderly. As a result, there is a serious contradiction between economic development and the population aging, especially in the undeveloped regions, where the economic development is unable to meet the needs for supporting the elderly, and many local governments appears deficit. Essentially, the degree of aging is not the determinant of socio-economic pressure, but the security for the elderly must have sufficient economic base and social resources. However, at present, the economic base and social conditions in China are still not sufficient, so the aging problem brings enormous pressure to social and economic development. Relevant scholars predict that in the next 40 years, China will step into the peak period of the population aging, which is also the peak of economic pressure, thus, social development will face the unprecedented pressure.

(1) Influence of population aging on the physical and mental health of the elderly

The elderly themselves are vulnerable groups in society; with the increasing of age, the immune function of the elderly group gradually declines and the physiological function also begins to deteriorate, and Alzheimer's disease, cardiovascular and cerebrovascular diseases, rheumatism and so on are common in the elderly population. Due to the change of the health condition and social role of the elderly, they are often prone to a series of bad psychology and mood such as pessimism, depression, loneliness and anxiety; moreover, the family structure is gradually becoming small at present and their children are busy at work and have no time to care for the elderly at home, let alone for spiritual communication; therefore, the mental state of many elderlies is relatively poor and they need social care and understanding.

(2) The population aging highlights the problem of the family care for the aged

It is not enough to solve the problem of aging in China depending on effort from one side, but requires efforts from all sides and the mutual cooperation of the state, society and family. At present, most of the family structure is traditional "4-2-1" family structure, namely four elders, husband and wife, one child, which means two children have to bear the obligation to support four elders, increasing the old-age care burden of family members. In addition, affected by western culture, the traditional idea of Chinese family is being gradually weakened and the function of family old-age care is also being weakened, thus, the material and emotional needs of the elderly cannot be met accordingly; this phenomenon is especially serious in rural areas, where a large number of middle-aged and young adults are heading to the first-tier and second-tier cities with more developed economy for development, so that the function of family old-age care is weakened and the advanced ages care problem in rural areas is serious, which to some extent results in the uneven development of urban and rural areas and the bottleneck of old-age care problem in China.

(3) The population aging has aggravated China's economic burden

With the acceleration of population aging in recent years, the payment for supporting the elderly has put great pressure on the young adults with a relatively small proportion of the population, and social wealth creation and modernization cannot meet the demand for rapid development of the elderly. As a result, there is a serious contradiction between economic development and the population aging, especially in the undeveloped regions, where the economic development is unable to meet the needs for supporting the elderly, and many local governments appears deficit. The degree of aging is not the determinant of socio-economic pressure, but the security for the elderly must have sufficient economic base and social resources. However, at present, the economic base and social conditions in China are still not sufficient, so the aging problem brings enormous pressure to social and economic development.

(4) Impact of the population aging on social stability

With the acceleration of China's urbanization process and the increasing strain of resources, the social economy shocks continually and the impact of the population aging on social development is also further promoted. Urbanization has pushed the labor force in China's rural areas to move to urban areas, and the accumulation of a large number of human resources has largely compensated for the lack of young groups in cities, but at the same time, has brought great pressure to the cities; for example, resource strain, employment pressure, social security and other aspects have been greatly impacted. At the same time, due to the large-scale transfer of rural labor force, the rural productivity is becoming scarce, thus the empty-nest phenomenon is serious. Many rural elderly people lack the production capacity and production skills, and their economic income is extremely low; in addition, as the elderly population base grows continually and China's rural social security is insufficient, it is difficult to effectively solve the problem of supporting the elderly in rural areas. As a result, the contradiction between the rich and the poor is intensified, resulting into the potential threat for the social public security and rural social stability.

(5) Impact of the population aging on culture

With the acceleration of population aging degree in China, the number of the elderly is increasing. However, due to the implementation of the family planning policy, most families have only child, it is difficult to do well in supporting and caring for the elderly. Moreover, the pace of modern life is quickening and people's life pressure gradually increases to form the universal materialistic values, which results into that the old-age care gradually changed from the previous model of "treat them with care" to the model of "treat them with money", and the idea of supporting parents in the traditional family is gradually changed into the idea of supporting the elderly with material and money. The ubiquity of this situation makes the essence of "filial piety" in traditional Chinese culture link to economic resources, resulting in that China's 5,000-year "filial piety" culture is gradually distorted and challenged greatly.

5. Countermeasures for Solving China's Population Aging

(1) Implement an economic strategy in harmony with population development

Coordinate the relationship between the social economy development and the population aging properly, regard the population aging as a major economic issue and implement an economic development strategy in harmony with population aging. First, implement the science and technology innovation-driven development strategy, constantly promote social productivity, give full play to the role of scientific and technological innovation, and offset the negative impact of the population aging on economic development by increasing productivity; second, expand new economic development modes, so as to keep adapting to the impact of the population aging on the social economy by adjusting the economic structure, expanding the real economy, promoting the consumption of residents and other ways. Continue to improve the consumption demand mechanism under the social population aging condition, improve various systems of social security, meet the consumption demands of the elderly to the greatest extent and enhance the economic driving force under current social conditions.

(2) Coordinate the relationship between the social development and the population aging

Integrate the construction of an ideal aging society into the overall strategy of China's social development, attach great importance to the population aging and the change of the structure of the social labor force, reform the labor and employment system, deal with the contradiction between the social employment and the old-age care as a whole; constantly improve the retirement system and strengthen the development and utilization of the old-aged human resources; reform the income distribution system on the basis of the principle of age equality, and gradually increase the distribution proportion of the elderly in social wealth, opportunities, rights and other aspects; establish a scientific mechanism for the coordination of intergenerational interests, rights and interests, and contradictions, and constantly promote the sharing of social resources, social benefits and social responsibilities among all age groups on an equal footing. Continue to improve the social old-age care security system, establish an old-age care and medical security system that is consistent with the aging society development needs, continue to improve the structure of social public services, and improve the service system for the elderly, such as living care, mental comfort and disease care.

(3) Perfect the core value system and advocate the age equality culture

In terms of cultural development, integrate the construction of an aging society into the strategy of human development, and construct the new culture of the aging society. Continue to improve the socialist core value system, vigorously advocate the culture of age equality and publicize new values. With modern media and we-media channels, vigorously promote traditional moral culture throughout the society and promote the filial piety culture of respecting, loving and supporting the elderly in the whole society. At the same time, advocate the important way of family old-age care and construct the new culture system of the aging society.

(4) Change the idea of the population aging for strengthening the spiritual care for the elderly

Pay more attention to the spiritual life of the elderly and the physical and mental health of the elderly while satisfying the material life of the elderly. First, relevant local departments shall increase the financial investment to provide the elderly with better places for mental entertainment, enrich their spiritual and cultural life, so that they can experience fun in the communication with different groups of people, so as to dispel the empty and lonely mood; second, build a university for the elderly to provide a platform for the elderly to develop their own interests, enable the elderly to know their peers in their activities and learning and experience the happiness with them; third, regularly organize the elderly groups to carry out various forms of recreational activities, enable the elderly to cultivate themselves and enrich their spiritual life through poetry and painting, drama, song and dance troupe and other activities; fourth, the medical staff provides emotional support for the elderly and carries out psychological counseling; and the medical staff should treat the elderly with more patience and love, stand in the role of the elderly for their sake, understand their pain, actively communicate with them, listen to their true thoughts, and show respect and care for them on their language and body language in the process of serving the elderly. Actively carry out group activities for the elderly, help them establish a positive and optimistic attitude, relieve their mental and inner burdens, by which enrich the spiritual and cultural life of the elderly, and better enhance their sense of social belonging.

(5) Establish a sound medical security system for strengthening the medical humanistic care for the elderly

With the increasing of their age, the body resistance of the elderly will decrease and most of the elderly are suffering from diseases, thus, the medical security is an important safeguard for the elderly. On the one hand, improve the medical security and lower the price of drugs to ensure the elderly is affordable; on the other hand, treat the elderly patients more patient. If diseases of the elderly patients are mainly chronic diseases, with low cure rate but long course of disease, they are often suffering from functional problems, so the long-term medical care is needed for them. At the same time, for the medical care of the elderly, not only provide medical technology guidance, but also provide emotional and psychological support and comfort, so as to really care for the elderly and pay attention to their physical and mental health. The staff of medical institution needs to strengthen the publicity of the health knowledge of the elderly group, take the common diseases of the elderly as the main content to popularize the scientific knowledge of the health care and hygiene of the elderly to the elderly group, so as to strengthen the health guidance to them. At the same time, actively explain the prevention and treatment of related common diseases and frequently-occurring diseases to the elderly, and make appropriate intervention to their life behavior, so as to strengthen the medical humanistic care for the elderly.

(6) Raise old-age care security funds from various sources to implement a new old-age care security system

The Chinese government should give full play to the function of financial redistribution, increase subsidies for the old-age care and increase investment in the welfare of the elderly according to China's social and economic development. Encourage local governments to provide appropriate family subsidies and old age allowances to the elderly with financial difficulties and the advanced ages. At the same time, the government should support social forces to set up old-age care service institutions, and integrate local resources and actively guide social capital to invest in the old-age care service industry. Adopt the multi-channel (such as the state, the collective, the society and the individual) financing mode to strengthen the establishment of the old-age care service institutions in various ways, so as to provide more comprehensive, convenient and high standard old-age care welfare institutions for the elderly. In addition, encourage the social capital to set up more charitable pension funds, give full play to the role of charitable organizations, carry forward the traditional virtues of respecting, loving and supporting the elderly, and effectively consolidate the social forces so as to improve the quality of life the elderly.

(7) Develop human resources of the elderly to promote self-care for the elderly

With the continuous development of science and technology, the quality of life of the elderly has been improved greatly and their mental outlook and physical quality have been greatly improved; moreover, as the retirement age of the elderly is relatively low now, many elderly people who have retired still have the ability to work. The elderly work seriously and have many years of work experience, even the work ability of some elderly people is better than that of young people, and they are an indispensable resource for society. Therefore, make great efforts to exploit the human resources of the elderly and encourage them to continue to contribute to social development. The elderly who has good physical fitness and is willing to take up a new job should be given the opportunity to reduce social pressure while increasing their economic sources.

(8) Perfect the legal security for the welfare of the elderly to truly guarantee the rights of the elderly

The elderly themselves are at the bottom of our society and are vulnerable groups, in addition, the elderly have no fixed source of income and have weak ability of self-care; thus, they have the right to obtain the social attention and care. *Law of the People's Republic of China on the Protection of Rights and Interests of the Elderly* is the current fundamental law to protect the rights of the elderly in China, and the Article III of the new *Law on the Protection of the Rights and Interests of the Elderly* stipulates: "the state guarantees the elderly enjoy the rights and interests according to law. The elderly have the right to enjoy material assistance from the state and society, the right to enjoy social services and preferential treatment, the right to participate in social development and to share the achievements of development; and discriminating, humiliating, ill-treating or forsaking the elderly are forbidden." The amendment of the new law guarantees the basic rights of the elderly to a certain extent. China has no other laws and regulations on the protection of the basic rights of the elderly, except for *Law of the People's Republic of China on the Protection of Rights and Interests of the Elderly* revised in 2015. Therefore, China should strengthen the relevant legislative work on the protection of the rights and interests of the elderly, and set up a long-term legal mechanism to guarantee the basic rights of the elderly, so as to protect the rights of great number of the elderly in China and establish a legal basis for the society's care for the elderly.

Caring for the elderly needs the joint efforts of the government and the whole society, and also needs constant development of the practice methods and new ways. Caring for the elderly can be achieved through not only establishing the macro system, policy model, public finance and other aspects, but also constantly improving social security, health care and entertainment infrastructure and so on during the implementation of specific policies; pay more attention to enrich the spiritual and cultural life of the elderly while meeting the material needs of the elderly, to let the elderly truly experience social care. This is not only conducive to promoting social stability and the construction of a harmonious socialist society, but also conducive to early realization of the overall goal of building moderately prosperous society in China.

【References】

[1] Opinions on Further Strengthening of Preferential Treatment for the Elderly from the Office of China National Working Commission on Aging and Other 24 Departments 2013

[2] Green Book of Population and Labor: Reports on China's Population and Labor 2019

[3] Research Report on Development Trend and Investment Strategy of China's Old-age Care Industry from 2017 to 2022 Zhiyan Consulting

[4] Blue Book of Elderly Health: Health Report of the Elderly in China (2018) 2019

[5] Du Peng, Wang Yongmei. Opportunities, Challenges and Countermeasures for Construction of Rural Old-age Care Service System under the Background of Rural Revitalization Strategy, Journal of Hebei, pp.172-178, 2019.01

(Sun Aishu[1] · Wu Xiongzhou[2])

1　Sun Aishu (1988-), female, lecturer of business school of Jishou University; special researcher, PhD. of Yamaguchi University, research direction: regional economy and social security.

2　Wu Xiongzhou (1975-), male, Han nationality, professor, PhD. of business school of Jishou University, research direction: rural poverty alleviation and regional development.

Chapter 12 Analysis and Countermeasures Research on the Job Burnout of the Young University Teachers in Liaoning province

【Abstract】

In recent years, as the scale of higher education expanses and a further reform of higher education system has been carried out, higher requirements have been put forward to young college teachers. As a result, college teachers are facing more and more pressure and phenomena of severe occupation burnout have come out. Burnout not only affects the individual's physical and mental health of teachers, but also impacts greatly the quality of education and influences the development of colleges and universities in our country. Therefore, discussing the problem of occupation burnout of college teachers has important theoretical and practical significance for promoting the development of higher education in our country.

This paper, taking the young teachers under age 40 in Liaoning universities as an object of study and basing on consulting a large number of domestic and foreign literature material about occupation burnout, carries out a survey on the condition of occupation burnout of young college teachers in Liaoning province by the way of questionnaire combining the current condition of occupation burnout of young college teachers, and conducts statistical analysis and hypothesis verification on the data of available questionnaire by using SPSS16.0.And then, the paper analyses and discusses the result of the empirical. Finally, the paper puts forward some advices on releasing the problem of job burnout of young college teachers in Liaoning province.

【Key words】 : College ; Young teachers ; Job burnout

1. Introduction

(1) Research background

Setting under the international environment where competition has become increasingly fierce, China's higher education is a strategic issue pivotal to China's long-term development. Given that college teachers are responsible for both training students and undertaking scientific research, their professional level and subjective initiative have a direct impact on cultivating high-caliber elites. The implementation of education reform has made myriads of young teachers the pillar of college education and research. However, due to the distinct occupational characteristics of teachers, job-burnout in various levels is extensively found in teachers, especially among junior faculties in colleges, which raises noteworthy questions on how to reduce their job-burnout and improve their status quo. The survey conducted by the relevant institutions on the occupational stress and mental health of Chinese teachers demonstrated that about 34.60% of the surveyed teachers reported that their pressures were extremely high, and 47.60% of which marked their pressure as high--the two together accounted for 82.2% of the total number of teachers surveyed; about 39.20% of the respondents were reported under pressure, and suffered from problems such as job-burnout and unsatisfactory mental status; only 28.80% of the surveyed teachers reported to be in a sound mental status; The survey also indicated that female teachers tended to be more stressed, and often beset with more conflicts in the mediation of family responsibilities, social responsibilities and professional responsibilities [1] . For many teachers, it is their routine to work more than 10 hours a day. Besides the teaching pressures, teachers also bear pressure from their family and the teacher profession. Thus, it is of practical significance to study young teachers' job-burnout. Based on such context, this paper mainly investigated young college teachers' job-burnout in Liaoning Province, analyzed the factors affecting their job-burnout rate, and put forward recommendations for solving the problem.

(2) Theoretical innovation
1) Unique perspective

Reviewing the previous research conducted in China, in-depth and systematic investigation on the job-burnout of young college teachers is insufficient. The existing literature mainly focus on introducing the theory of job-burnout, while little attention was paid to empirical studies. This paper intended to provide data support for the empirical study of young college teachers by probing into young college teachers' job-burnout in Liaoning Province, so as to provide certain practical significance and application value.

2) Distinctive content

I Considering that there is a lack of effective measurement on job-burnout of college teachers in China, this paper adapted the existing foreign measurement tools to develop a new measurement and align it with China's local condition with proved high reliability and validity.

II This study took young college teachers as research subjects to study their job-burnout. As the backbone in the future faculty team, their problems caused by job-burnout have a profound impact in the future development of colleges and universities. In this sense, the research on the job-burnout of young college teachers has typical practical significance.

III Regarding the scoring method, the traditional measurement was scored by a 7-point scale, featured in substantial options with little differentiation, which made it hard for subjects from discriminating those options. This paper, based on the advice of relevant experts, employed a 5-point scoring method to make the adjacent options distinguished from each other.

2. Theoretical review

(1) The definition and cause of job-burnout

The concept of job-burnout was initially raised by American psychologist Freudenberger in Journal of Social Issues to describe professionals' physical and emotional exhaustion in the workplace. [2] The definition widely quoted by scholars in various countries is the version developed by Maslach and Jackson: job-burnout is a symptom of the individual's emotional exhaustion, depersonalization and reduced personal accomplishment in the human service sector. [3] Emotional exhaustion refers to the individual's excessive consumption of emotional resource where one's emotions are extremely depleted, featured in the loss of work enthusiasm; Depersonalization, also known as disintegration of personality, refers to treating the client with a negative, empathy, and unduly aloof attitude. The decrease in personal accomplishment denotes to the decline in the individual's sense of competence and work achievement, and the tendency to negatively evaluate the meaning and value of the work. This definition has received consistent recognition and confirmation, and served as the theoretical footstone for enormous studies on job-burnout.

① Occupational factors: including unreasonable job performance settings, overload job requirements, vicious cycles of overtime working and imbalances in psychological contracts.

② Individual factors: including mismatch between personal value evaluation and reality, lack of rational personal career planning, distortion of personal values [4].

(2) Factors influencing college teachers' job-burnout

The job-burnout of college teachers is not a spontaneous response to a specific event, but a progressive transformation resulted from negative emotion deriving from prolonged stress in work. There are many reasons accounting for the job-burnout of college teachers, mainly in the following aspects [5] :

1) Demographic variable

Demographic variables mainly encompass aspects of age, gender, marital status, education level and so on. Research on age suggested that age was associated with job-burnout, and multiple studies have found that teachers under 40 showed higher levels of emotional exhaustion than older teachers: women were more prone to have job-burnout than men; in education aspect, job-burnout in highly educated teachers was more severe.

2) Organizational factors

The organizational factors of teachers' job-burnout mainly include: student problems, workload, role conflicts and role ambiguity. All of the organizational factors of teachers' job-burnout have a substantial influence on their teaching efficiency.

3) Personality factors

Foreign empirical studies on the personality factors of teachers' job-burnout indicated that teachers with low self-esteem and those with an external locus of control were prone to experience job-burnout. American scholar Melintyre, Lutz

& Maddirala (1990) found that teachers whose control originated from the outside world were more prone to have job-burnout.

4) Social roots

Because the society imposes high expectations for education, the social expectations of teachers are hence high. With a growing work pressure borne by teachers, the formation of teachers' job-burnout mentality is thereby accelerated.

3. Empirical design of college teachers' job-burnout

(1) Research objectives and hypotheses

Based on the existing research and theoretical viewpoints at home and abroad, as well as the unique traditional cultural background in China, the following hypotheses were put forward combined with the characteristics of young college teachers in Liaoning Province:

Hypothesis 1: There is a widespread phenomenon of job-burnout among young college teachers in Liaoning Province.

Hypothesis 2: There are significant differences in demographic variables between some dimensions of job-burnout.

(2) Research instruments

A total of three measurement tools were adopted in this study, namely demographic scale and job -burnout scale.

1) Demographic scale

This study selects gender, age, qualifications and professional titles as demographic variables to explore the current situation of college teachers' job-burnout and turnover intention in Liaoning Province.

2) Job-burnout scale

After reviewing Maslach's description of job-burnout and the job-burnout questionnaire compiled for teachers, we selected, modified and adjusted the general version of Maslach Job-burnout Inventory-General Survey (MBI-GS) that has been used most frequently. Combined with professional characteristics of the young college teacher in Liaoning Province, the Job-burnout scale we formed contains 15 projects and adopts the Likert five-point scoring method.

(3) Questionnaire design

1) Selection of evaluation indicators

After extracting and analyzing, the initial questionnaire of job-burnout consists of 15 items which were later summarized into three aspects, namely, emotional exhaustion, depersonalization and low personal accomplishment. Finally, the evaluation index system of job-burnout of young college teachers was formulated, as shown in Table 12-1.

Table 12-1   Table of Job Burn-out Scale

Job-burnout	
Emotional exhaustion	I feel fatigue when I wake up in the morning facing today's workload.
	Working as a teacher makes me feel tired both mentally and physically.
	I always feel exhausted after class.
	There is always an invisible pressure haunting me.
	The teaching and research tasks are extremely heavy, which makes me feel like I am on the verge of collapsing.
Depersonalization	I have become increasingly less interested in my work since I assumed the teacher position.
	I am not as enthusiastic about being a teacher as I used to be.
	I am skeptical about the meaning of my work.
	I find myself in a declined tendency to care if I contribute to my work.
Lowpersonal accomplishment	I can effectively solve problems in my work.
	I feel that I am contributing to the school and the society.
	I am good at my own work.
	I am very happy when I accomplish some things at work.
	I have done a lot of valuable work.
	I am confident that I can do all the work efficiently.

Source: This study.

2) Quantification of evaluation indicators

This study employed the Likert five-point scoring method, that is, score the frequency of "Very Frequently", "Frequently", "Occasionally", "Rarely", "Never" as points of 5, 4, 3, 2, 1 respectively. For the two factors of emotional exhaustion and depersonalization, the higher the score is, the higher the job-burnout of young college teachers have; for the personal achievement, the lower the score is, the higher the job-burnout of young college teachers have.

(4) Questionnaire test

In order to assess the rationality and accuracy of the designed questionnaire, the questionnaire was preliminarily tested for reliability and validity before the formal investigation.

1) Reliability test of the scale

This study used an internal consistency reliability method to test the reliability of each questionnaire. After statistical analysis, all of the Cronbach Alpha values regarding the Job-burnout scale and the subscales are greater than 0.8, manifesting that the revised Job-burnout scale for young college teachers meets the requirements of the internal consistency reliability indicators. The reliability of each subscale is illustrated in Table 12-2:

Table 12-2   Reliability statistics of job burn-out scale

	Job-burnout	Emotional exhaustion	Depersonalization	Low personal accomplishment
N of Items	15	5	4	6
Cronbach's Alpha	0.835	0.827	0.818	0.806

Source: This study.

2) Validity test of the scale

In order to ensure the content validity of the scale, the questionnaires were compiled based on interviewing, pre-testing some young college teachers whose opinion were thereby collected; The items in the questionnaires were obtained by literature research and open questionnaire surveys; The formation also reviewed by the professional institutions. The final questionnaire was proved to have a high correlation between the score of each item and the total score of the questionnaire, and hence has a good content validity.

4. Empirical design of job-burnout in young college teachers

(1) Sample structure

In this survey, 500 questionnaires were sent out in total by means of direct distribution and e-mail, in which 466 were collected, and 445 valid questionnaires selected after screening. The effective feedback rate was 89.2%. After statistics analysis, the distribution of the sample is shown in Table 12-3.

Table 12-3 Table of samples constitution

Personal variables	Classification criteria	N	%
Cender	Male	150	33.6
	Female	296	66.4
Age	<30	196	43.9
	31-35	161	36.1
	36-60	89	20
Qualifications	Bachelor's degree	95	21.3
	Master's degree	277	62.1
	Doctoral degree	74	16.6
rofessional titles	Assistant	73	16.4
	Lecturer	237	53.1
	Associate professor	123	27.6
	Professor	13	2.9

Source: This study.

(2) Descriptive statistical analysis of college teachers' job-burnout

This study employed the 5-point scoring method, and took the median 3 as the intermediate value of each dimension. On the whole, if the subject has three mean scores that are higher than 3, it is defined as severe job-burnout; if the subject has two mean scores that are higher than 3, it is defined as moderate job-burnout; if the subject had one mean score that is higher than 3, it is defined as mild job-burnout. According to the survey results, it can be seen that the scores on emotional exhaustion, depersonalization and low personal accomplishment of the surveyed teachers are relatively high. The descriptive statistical analysis results of college teachers' job-burnout are shown in Table 12-4:

Table 12-4 Descriptive statistics of all variables

Variables	Items	Mean	Standard deviation
Emotional exhaustion	5	3.02	.875
Depersonalization	4	3.18	.984
Lowpersonal accomplishment	6	3.21	1.034

Source: This study.

(3) Analysis of the difference in college teachers' job-burnout

1) Gender difference in each variable

In order to compare the difference of job-burnout between male and female young college teachers, the Independent Samples T test was used to test their differences, as shown in Table 12-5:

Table 12-5 Independent samples T test for young teachers of different gender

Variables	gender	Mean	Standard deviation	t alue	Sig.
Emotional exhaustion	male	2.75	0.247	-.625	.462
	Female	3.17	0.526		
Depersonalization	male	3.38	0.783	.233	.643
	Female	2.95	0.539		
Low personal accomplishment	male	3.27	0.835	.018	.728
	Female	2.96	0.677		

Source: This study.

It can be seen from Table 12-5 that there are some differences in the various dimensions of job-burnout among young teachers of different genders, but none of them is significant. In this sense, gender has no significant influence on job-burnout. However, from the perspective of mean, male teachers score significantly higher than female teachers in terms of depersonalization and low personal accomplishment. Female teachers in the emotional exhaustion dimension score higher than male teachers, which means female teachers are more likely to feel job-burnout than males.

2) Age differences in each variable

For the young college teachers divided by age, this paper used the method of one-way ANOVA to explore whether there are significant differences in job-burnout among young college teachers of different age groups, as shown in Table 12-6:

Table 12-6 ANOVA for young teachers of different ages

Variables	Age	Mean	Standard deviation	F value	Sig.
Emotional exhaustion	<30	3.22	0.532	22.848	0.000
	31-35	3.05	0.427		
	36-40	2.96	0.295		
Depersonalization	<30	2.89	0.214	1.973	0.105
	31-35	3.14	0.615		
	36-40	3.05	0.428		
Low personal accomplishment	<30	2.77	0.876	42.568	0.000
	31-35	2.84	0.638		
	36-40	3.05	0.784		

Source: This study.

It can be seen from the statistics in Table 12-6 that young teachers of different ages have significant differences in emotional exhaustion and personal accomplishment. Among them, young teachers under the age of 30 have higher levels of emotional exhaustion, and their job-burnout is more serious than the other two age groups; in the dimension of depersonalization, young teachers aged 36-40 have higher scores pertaining low sense of achievement; Young teachers under the age of 30 have the lowest personal sense of achievement.

3) Qualification differences in each variable

For the young college teachers divided by academic qualifications, the one-way ANOVA was used to explore the differences among the young teachers of different groups in various dimensions of job-burnout. The test results are shown in Table 12-7:

Table 12-7 ANOVA for young teachers of different qualifications

Variables	Qualifications	Mean	Standard deviation	F value	Sig.
Emotional exhaustion	Bachelor	3.07	0.442	49.605	0.000
	Master's degree	3.16	0.454		
	Doctoral degree	3.24	0.468		
Depersonalization	Bachelor	2.97	0.227	1.197	0.203
	Master's degree	2.89	0.538		
	Doctoral degree	3.04	0.828		
Low personal accomplishment	Bachelor	2.18	0.727	7.743	0.001
	Master's degree	3.28	0.815		
	Doctoral degree	3.48	0.917		

Source: This study.

It can be seen from Table 12-7 that young teachers with different academic qualifications have significant differences in emotional exhaustion and low personal accomplishment. Among them, young teachers with doctoral degrees score significantly higher in emotional exhaustion than masters and undergraduate teachers, and meanwhile teacher with doctoral degree score the highest in terms of low professional accomplishment; in terms of depersonalization, the difference between young teachers with different academic qualifications is not significant, while young teachers with doctoral degrees are slightly higher than those with master's and bachelor's degrees in terms of depersonalization.

4) Professional title differences in each variable

For the young teachers divided by different job titles, the one-way ANOVA was used to explore the differences among the young teachers with different professional titles in various dimensions of job-burnout. The test results are shown in Table 12-8:

Table 12-8   ANOVA for young teachers of different professional title

Variables	Job titles	Mean	Standard deviation	F value	Sig.
Emotional exhaustion	Assistant	2.86	0.255	27.086	0.000
	Lecturer	2.89	0.343		
	Associate professor	3.19	0.552		
	Professor	3.07	0.430		
Depersonalization	Assistant	3.18	0.324	116.088	0.000
	Lecturer	3.25	0.615		
	Associate professor	2.76	0.596		
	Professor	2.97	0.809		
Low personal accomplishment	Assistant	3.67	0.891	5.269	0.001
	Lecturer	3.51	0.766		
	Associate professor	3.49	0.907		
	Professor	3.34	0.864		

Source: This study.

It can be seen from Table 12-8 that young teachers with different professional titles have significant differences in terms of emotional exhaustion, depersonalization, and low personal accomplishment. In the dimension of emotional exhaustion, teachers with higher professional titles face the pressure to compete in higher professional titles. In the aspect of low personal accomplishment, with the promotion of teachers' titles, there is a decreasing trend, due to the continuous improvement of professional titles.

5. Conclusions

According to the demographic variables, this paper analyzes the current situation of job-burnout of young college teachers in Liaoning Province, which is illustrated as follows :

From the perspective of gender, male young teachers are significantly higher than female young teachers in depersonalization and low personal achievement, and female young teachers are slightly higher than male young teachers in emotional exhaustion. This shows that male teachers have less affinity and patience than female teachers, and their relationship with students is relatively distant; at the same time, male teachers are more interested in work, and strive to reflect the value of life in work, so they can get a higher sense of achievement in professional activities. Female teachers have a high degree of emotional exhaustion because they play multiple roles in work and life. They should not only take good care of their families, but also not inferior to others in work. They are more stressed and more likely to feel exhausted.

From the aspect of age, under 30 years old college teachers in Liaoning Province have a higher degree of job-burnout, especially in the two dimensions of emotional exhaustion and low personal achievement. he reason for this phenomenon is that the young teachers who have just started to work have the problems of adaptability to the new environment and interpersonal communication; Lack of experience in teaching, lack of effective communication and communication methods and skills with students; As a result of just embarking on the job, high expectations of themselves and so on, are easy to trigger the sense of incompetence and frustration of young teachers, which is manifested in a high degree of emotional exhaustion and low personal achievement in terms of job-burnout. However, young teachers over 30 years old, who have accumulated a certain amount of teaching experience, are familiar with the work content, and have accumulated certain teaching methods and skills, can analyze and deal with the problems encountered in the work rationally and objectively, so the degree of emotional exhaustion is relatively low, and they are easy to experience a higher sense of personal achievement.

From the perspective of education, there are significant differences in two dimensions: emotional exhaustion and low personal achievement. Young teachers with doctoral degree in Liaoning Province scored the highest in two dimensions of emotional exhaustion and low personal achievement, while young teachers with bachelor's degree and master's degree scored lower in the aspect of low personal achievement. It can be explained that young teachers with doctoral degree are generally the leaders of the discipline or the major, with heavy tasks, high pressure, and high expectations of the society and themselves, so they are more likely to feel exhaustion in terms of emotions, but also experience a higher sense of achievement. If young teachers with bachelor's and master's degree want to get better development in the school, they must constantly improve their academic level and strive to make greater achievements in teaching and scientific research, especially in scientific research, so they are more likely to feel emotional exhaustion.

In terms of professional title, on the dimension of emotional exhaustion, professors and associate professors have a higher degree of exhaustion in this stage, because people in this period will face challenges from all aspects, such as the pressure of professor evaluation, research, and family. On the dimension of depersonalization, young teachers with lecturers or lower professional titles score higher, which means that teachers with lower professional titles will deliberately keep their distance from students, trying to build their prestige in the minds of students.

Based on the research status of job-burnout at home and abroad and the related theory of job-burnout, this paper, taking the young colleges teachers in Liaoning Province as the research object and employing the questionnaire survey method, elaborated on the job-burnout extent and status of young college teachers under different demographic variables, explored the deep-rooted causes of job-burnout among young college teachers in Liaoning Province, and enriched the empirical research on job-burnout of young college teachers. The main conclusions can be summarized as follows:

(1) Based on referring to the research results at home and abroad, this study adapted Maslach's theory of job-burnout, compiled the "Job-burnout scale" from the three dimensions including emotional exhaustion, depersonalization and low personal accomplishment, and verified the reliability and validity.

(2) There is a widespread phenomenon of job-burnout among young college teachers in Liaoning Province.

(3) There is a certain difference in the demographic variables (gender, age, qualifications and professional titles) in college teachers' job-burnout.

(4) Through reflecting the theory and concluding the survey results, the countermeasures to alleviate the job-burnout of young college teachers were put forward.

【References】

[1] Li Chaoping. Survey Report on Teacher Survival Status [R] Sina Education Channel, 2005.

[2] Farber, B.A. Crisisin Education: Stress and Job-burnout in the American

Teacher SanFrancisco [M] . CA: Jossey-Bass Publishers.

[3] Maslach C, Sehaufeli W.B, Leiter MP, Job-burnout Annual Review Psychology, 2001, 52:122-123.

[4] Sun Hong. Job-burnout [M] . People's Medical Publishing House, 2009.

[5] Ye Chongliang, Causes and Relief Countermeasures of College Teachers' Job-burnout, Journal of Jiangsu Teachers University of Technology, 2008, 1:90-92.

(Pan Yanan)

Chapter13 Research on the Relevance of Service Perception Quality and Consumer Satisfaction

—Based on the questionnaire survey of Chinese tourists—

【Abstract】

This paper aims at clarify the relevance of service perception quality and consumer satisfaction. To explain this relevance, 1260 questionnaires were sent out to Chinese tourists and 1142 were returned, of which 935 questionnaires were valid. The effective response rate is 81.9 percent.

The result of statistical analysis shows that service perception quality has influence on consumer satisfaction.

【Key words】 lifestyle, service perception quality, consumer satisfaction

1. Introduction

Does service perception quality lead to satisfaction in service experience? Does satisfaction itself affect quality perception? Can service perception quality and satisfaction be distinguished from each other? The causality between service perception quality and consumer satisfaction has been the subject of discussion till now.

(1)Service quality

Service quality is assessed by consumer's subjective judgment. For service products, it is impossible to have accurate information about their quality in advance or trial. Purchasing service products involves greater risks than tangible products. For this reason, it is necessary to increase consumer satisfaction by making consumers experience high level of service quality in order to improve reuse rate.

(2)Perception quality

Generally, the quality perceived by the consumer is measured in some way to evaluate the quality of intangible goods. However, in the case of hotel services, it is possible to quantify the size of a guest room and the waiting time for check-in, but it is difficult to objectively quantify the service technology. It is more realistic to measure how the consumer perceives the attitude of the service provider rather than quantification. Therefore, it is appropriate to measure service quality based on the consumer's subjective perception level.

Bitner (1990)[1], verified the causality model that prior expectations of service encounters affect consumer satisfaction, and consumer satisfaction affects the service perception quality in a study to verify the impact of service encounters on consumer satisfaction. From this standpoint, consumer satisfaction is formed by specific experience, and the overall evaluation for services provided by a company is considered as a general attitude distinguished from satisfaction. Also, perception quality considered as general corporate service attitude, rather than an assessment of a particular service experience, and occurs as a result of satisfaction.

Spreng, Shi and Page (2009)[2]suggests that the causality exist two stances that perception quality affects customer satisfaction and conversely that customer satisfaction affects perception quality. As the background of the difference cognition on causality, the former idea that customer satisfaction affects the service perception quality illustrate that customer satisfaction is an evaluation of a single service experience, whereas perception quality is the result of multiple experiences (Bitner 1990).

On the other hand, there is an assertion that perception quality and customer satisfaction are two-way and cannot be distinguished (Cronin and Taylor 1994[3], Iacobucci, Ostrom and Grayson 1995), and Dabholkar (1995)[4]argues that the causality of service quality and consumer satisfaction is perceived as contingent by consumers.

(3)Relationship between perception quality and customer satisfaction
1)Difference in perception quality and customer satisfaction

Ono (2010)[5]claims that perception quality and customer satisfaction are different concepts and the difference is concentrated in four points as below.

First, duration difference. While customer satisfaction is considered as transaction-specific, perception quality is defined as an assessment of the overall excellence for product or service and tend to be formed longer and cumulatively.

Second, difference of experience dependence. Path dependency means whether the customer's evaluation is based on their own consumption experience or external information. Customer satisfaction is an evaluation based on the customer's actual consumption, whereas quality evaluation can be formed based on the consumption experience of others.

Third, difference in the evaluation dimension formed. Perception quality is an attribute of products and services, but customer satisfaction is formed based on attributes of products and services.

Forth, difference of motivational base. The basis for motivation is whether the evaluative judgment is strongly influenced by cognitive or emotional factors. While customer satisfaction is an emotional reaction with both cognition and emotion, perception quality is based on rational judgment considering the attributes of the product or service.

2)Relationship between perception quality and customer satisfaction

When Cronin and Taylor (1992)[6]announced the SERVPERF model, they initially hypothesized that customer satisfaction was the cause of perception quality, but in fact the causality was the opposite, and perception quality was the cause of customer satisfaction. The model proposed by the Japan Customer Satisfaction Index (JCSI) Study show causal factor from perception quality to customer satisfaction.

2. Setting analytic model and research hypothesis

(1)Analysis model

The analytic model is created with reference to prior literature. As shown in Figure13-1.

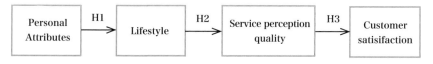

Source : Created by the author.

Figure 13-1   Analytic model

(2) Research hypothesis

Hypothesis1 : If the personal attributes of Chinese tourist consumers are different, the lifestyle will be different.

Hypothesis2 : The lifestyle of Chinese tourist consumers affects the service perception quality.

Hypothesis3 : The service perception quality affects customer satisfaction.

3. Summary of questionnaire survey

1260 questionnaires were sent out to Chinese tourists from September to December 2018 and 1142 were returned (return rate is 90.6%), of which 935 questionnaires were valid. The effective response rate is 81.9 percent. As shown in Table13-1.

Table13-1 Survey questionnaire return status

Area	Number of sent out	Number returned	Invalid number	Effective number	Effective response rate
Beijing	420	384	66	318	82.8%
Shanghai	420	362	58	304	84.0%
Dalian	420	396	83	313	79.0%
Total	1260	1142	207	935	81.9%

Source : Created by the author.

4. Results of statistical analysis of questionnaire survey

(1)Personal attributes of Chinese tourists

The largest number of Chinese tourist consumers who answered the questionnaire is "female "(55.8%)," over 60s "(23.3%), and" unmarried "(55.8%). The most occupation is "company employee" (41.9%), the most monthly income is "5000 CNY-8000 CNY", the most education is "High school and below" (46.5%), and the most number of household is "5 or more" (30.2%) .

(2)Chinese tourism consumer difference test

One of the research topics in this paper is test the hypothesis that different personal attributes of Chinese tourists have different lifestyles. ○ means have difference (significance probability p-value reaches p<0.05; p<0.01; p<0.001). Blank means have no difference (significance probability p-value does not reach p<0.05; p<0.01; p<0.001). Table13-2 shows the results of hypothesis testing.

As a result of T test and ANOVA analysis (one-way analysis of variance), there is no significant difference in lifestyle depending on educational background and number of households, but there has a significant difference in lifestyle depending on gender, age, profession, marital status, monthly income, etc. Therefore, the hypothesis of H1 is partially valid.

Table13-2   Results of T-test and ANOVA analysis on personal attributes and lifestyle of Chinese tourist consumer

Item	Chinese tourist consumer	
	Lifestyle	p-value (significance probability)
1. Gender	○	0.000*** (Lifestyle)
2. Age	○	0.000*** (Lifestyle)
3. Profession	○	0.000*** (Lifestyle)
4. Marital status	○	0.000*** (Lifestyle)
5. Monthly income	○	0.000*** (Lifestyle)
6. Education		0.33
7. Households		0.27

* Note: ○ (have difference), blank (no difference).
*p<0.05; **p<0.01; ***p <0.001.
Source : Created by the author

(3)Results of the impact analysis of Chinese tourism consumers' lifestyle on service perception quality

Table13-3 shows the results of impact analysis of Chinese tourists' lifestyles on service perception quality. R^2 is 0.556, F value of regression model is 12.935,

Table13-3 Results of the impact analysis of Chinese tourists' lifestyles on the service perception quality

Dependent variable: service perception quality				
Independent variable B predicted value	Non-standardized regression coefficient	t value	p-value	VIF
(constant)	3.568	19.10	0.014*	
Lifestyle	0.238	2.624	0.387	1.326

F value = 12.935, R^2 value = 0.556
* Note: *means p<0.05 and has significant difference;
**means p<0.01 and has significant difference;
***means p <0.001 and has significant difference.
Source : Created by the author.

significance probability p-value is 0.387, there is no influence. As a result, lifestyle does not have a positive impact on service perception quality. Therefore, it is proved that Hypothesis H2 is not valid.

(4)Results of the impact analysis of the perceived quality of service on customer satisfaction

Table13-4 shows the results of the impact analysis that service perception quality on customer satisfaction. R^2 is 0.612, F value of regression model is 17.240, p-value significance probability $p<0.000$ or less, the influence is strong, but significance probability $p<0.01$, $p<0.05$, the influence is weak. The contribution rate that the predictor of the service perception quality to customer satisfaction reaches 61.2%, which is highly persuasive. In addition, the VIF value of each facet is less than 10, indicating that there is no obvious collinearity between independent variables. As a result, lifestyle has a positive impact on consumer satisfaction. Therefore, it is proved that Hypothesis H3 is partially established.

Table13-4 Result of impact analysis of service perception quality on consumer satisfaction

Dependent variable: Consumer satisfaction				
Independent variable B predicted value	Non-standardized regression coefficient	t value	p-value	VIF
(constant)	3.440	12.66	0.000***	
Perceived quality of service	0.388	3.286	0.002**	1.224

F value = 17.240, R^2 value = 0.612
* Note: *means $p<0.05$ and has significant difference;
**means $p<0.01$ and has significant difference;
***means $p <0.001$ and has significant difference.
Source : Created by the author

(5)The result of hypothesis verification

Table13-5 The result of hypothesis verification

Research hypothesis	The result of hypothesis verification
H1: If the personal attributes of Chinese tourist consumers are different, the lifestyle will be different.	△
H2: The lifestyle of Chinese tourist consumers affects the service perception quality.	×
H3: The service perception quality affects customer satisfaction.	△

Source : Created by author.
Note) ○ : Established   △ : Partially established   ×:Not established

5. Conclusion

As a result of T-test and ANOVA analysis on the personal attributes of Chinese tourists, it is confirmed that, lifestyles are significantly different if the personal attributes are different, except for "educational background" and "number of households". Therefore, hypothesis 1 is partially valid.

According to the results of regression analysis, F value = 12.935, R^2 value = 0.556, significance probability p is 0.387, and there is no influence. Therefore, it is confirmed that the lifestyle of Chinese tourist consumers has an influence on the service perception quality. The hypothesis of H2 is not established.

The result of influence analysis that the service perception quality on consumer satisfaction is $R^2 = 0.612$, regression model F value= 17.240, p-value significance probability p <0.000, has strong influence, but significance probability p <0.01, p <0.05, has weak influence. Comprehensive judgment is that the hypothesis of H3 is partially valid.

For Chinese tourist consumers, the safety is top consideration when purchasing goods and services. Also, many Chinese tourist consumers tend to choose travelling alone or travelling without planning. It shows that the modern people are pursuing a free and unrestricted lifestyle, the current tourist consumers tend to be satisfied with unique services and products or the customized service rather than general services and products.

According to the results of a questionnaire survey of Chinese consumers, the image of a tourist destination is the strongest influencing factor for customer satisfaction.For the image of a tourist spot, tourism resources, tourism expenses, and the tourism environment are important reference conditions, but the services and goods provided by the accommodation at the tourist spot are important reference conditions.

【References】

［1］Bitner, Mary Jo(1990), "Evaluating Service Encounters: The Effects of Physical Surroundings and Employee Responses, *Journal of Marketing*, 54 (April), 69-82.

［2］Spreng, Richard A., Linda Hui Shi and Thomas J. 15 Page (2009), "Service Quality and Satisfaction in Business-to-Business Services," *Journal of Business & Industrial Marketing*, 24-8, 537-548.

［3］Cronin, J. Joseph and Steven A. Taylor (1994), "Measuring Service Quality: A Reexamination and Extension," *Journal of Marketing*, 56 (July), 55-68.

［4］Dabholkar, Pratibha A. (1995), "A Contingency Framework for Predicting Causality between Customer Satisfaction and Service Quality," *Advances in Consumer Research*, 22 (1), 101-108.

［5］小野讓司 (2010)「JCSI による顧客満足モデル の構築」『季刊マーケティングジャーナル』117 号。

［6］Measuring Service Quality: A Reexamination and ExtensionCronin, J. Joseph, Jr.; Taylor, Steven A., *Journal of Marketing*; Jul 1992; 56, 3.

(XI LI)

Chapter14 An Analysis of the Factors that Influence Japanese Tourists' Purchase Behavior

【Abstract】

Tourists not only can experience the local customs, broaden their horizon, but also can release the pressure of work, obtain physical and mental relaxation. In recent years, with the increase level of travelers' income and the change of consumption consciousness, traveling abroad tend to be increasingly popular, and this has shifted tourists' consumption to international buying behavior.

This study taking Kagoshima as an example, based on the model of "consumer behavior model", analyzes in detail the influencing reasons of tourists' consumption. The internal reasons, external reasons and experience reasons are discussed. At the same time, various differences and individual characteristics have been identified, including gender, age, region and other characteristics. This study helps to understand Kagoshima tourists' purchase behavior, and provides help for the development of tourism in the future.

【Key Words】: Tourists, Purchase Behavior, Consumer Behavior Model

1. Introduction

According to the Japan government tourism administration (JNTO), the number of foreign visitors to Japan rose 8.7 percent from 2017 to 31.92 million in 2018, which is the largest. Compared with the number of foreigners visiting Japan in 2018, the number of Japanese tourists going abroad is also increasing, especially in October and December, which are more than 10 percent higher than the same month in 2017. Tourism consumer behavior is affected by various reasons; therefore it is necessary to analyze and study the purchasing behavior of tourists. (1)In the research of Professor Sasaki (2000)[1], the traveler's behavioral motivation includes the cause of the trigger and the cause of the inducement. (2) Oh (2004) Professor's Research[2], trip typology, age and gender can serve as useful indicators for configuration of tourist shopper consumer profiles, and the implications are suggested. In order to investigate the purchasing behavior of tourists in Kagoshima, it is necessary to study the purchase behavior of tourists.

2. Research on the main reasons for the purchase behavior of Japanese tourists and the selection of research topics

(1) Advance research on the main reasons for the impact of Japanese consumer purchase behavior

As a preliminary study on the main reasons influencing the purchasing behavior of Japanese tourists, the following three factors can be listed.

1) Engel, Blackwell & Miniard (1995) research [3]

According to the cognitive mechanism of memory and information processing, the process of purchase is described. As the process of meaning determination of consumers (desire cognition → information retrieval → pre-purchase case evaluation → purchase → consumption → purchase offspring case evaluation → processing), the main reasons are classified as personal attributes and environmental factors.

2) Tsujmoto (2013) research [4]

It is assumed that the evaluation criteria for tourism local products are composed of the external characteristics related to the appearance and functionality of the commodities, the symbolism of the place, and the internal characteristics related to the maintenance of the relationship with others. Multiple evaluation criteria have been applied, including package reasons, external reasons, local reasons, consideration reasons, and display reasons.

3) Arima (2014) research [5]

A survey was conducted to compare the purchasing behavior of foreign travelers to Hakone-Yumoto with that of Asia and Europe and the United States. There were differences in the purchasing behavior and the types of goods they cared about. Consumers in Europe and the United States showed interest in handicrafts and groceries. In addition, Asian travelers are actively experimenting with food, and showing similarities with the buying behavior of Japanese travelers.

(2) Problems in advance research

From above, we have summarized five previous studies on the impact of Japanese travel consumer purchase behavior, and there are two problematic points.

First, there is little research on experience reasons and the purchasing behavior of tourists.

Second, there is little quantitative research on the tourist-buying behavior of consumer tourists in Kagoshima, Japan.

(3) Proposal of research topics

The research is to construct a "consumer action model" to analyze the reasons that have an important impact on the behavior of tourists and here is the research question:

1: what are the internal, external and experience reasons of tourists?

2: what are the main reasons that have significant influence on the purchasing behavior of tourists?

3. Research hypotheses and research methods

(1) Research methods

This research method is an empirical study on the causes of consumer behavior for travelers in Kagoshima through quantitative research. From February to April 2019, 300 questionnaires (survey place: Kagoshima) were distributed, and the collected data was analyzed using SPSS software. The number of valid samples was 242, and the effective recovery rate was 80.7%.

(2) Research hypotheses

According to the research purpose and related literature, three variables of internal reasons, external reasons and experience reasons are examined, and the following six hypotheses and the model of this paper are formed.

H1: If the personal attributes are different, the internal reasons are different.

H2: If the personal attributes are different, the external reasons are different.

H3: If the personal attributes are different, the experience reasons are different.

H4: Internal reasons have a significant impact on the purchasing behavior of tourists.

H5: External reasons have a significant impact on the purchasing behavior of tourists.

H6: Experience reasons have a significant impact on the purchasing behavior of tourists.

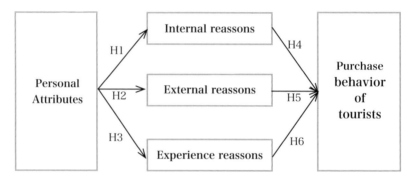

Source: This study.

Figure 14-1　Models

4. Statistical analysis results of the questionnaire survey

(1)Analysis of personal attributes

Here is the respondents profile rate: in Japan, "Female" (54.1%) "Male" (45.9%), marriage : "Unmarried" (46.3%) "Married" exceeded (53.7%). The ages range from "21-30" (54.9%), "31-40" (27.3%) to "41-50" (17.8%).

The most are "company employees" (59.5%)", then followed by military personnel, "teaching staff" (23.6%), and "individual industrial and commercial households, agriculture, forestry, fishery and animal husbandry" (16.9%). More than 40% are "university graduation" (48.1%), followed by "high school (including below)" (31.1%). The answer to the travel days was "3 days to 4 days" 34.7%, followed by "5 days to 6 days" 27.3% and "7 days to 8 days" (18.6%). About half of the travelers were "with family" (49.5%), followed by "with friends" (37.6%). The amount of overseas travel expenditure is (ten thousand yen) "8-10" (35.9%), and "6-8" (26.4%). The number of overseas travel experiences was "twice" (53.3%), followed by "3-5times" (20.2%).

(2) Factor analysis
1) Internal reasons

The principal axis factors in SPSS were used to analyze and verify the factors of internal reasons, and the factors were grouped as "motivation", "attitude" and "learning".

Table14-1 Factor analysis of internal reasons

Variable	Commonality	Composition		
		Factor 1	Factor 2	Factor 3
		Motivation	Attitude	Learning
		6	5	1
B 11	0.768	0.841	0.405	0.100
B 12	0.606	0.762	0.511	0.412
B 10	0.598	0.748	0.238	-0.296
B 1	0.575	0.675	0.475	0.257
B 9	0.514	0.636	0.321	0.601
B 8	0.505	0.621	0.423	0.151
B 4	0.646	0.331	0.785	0.212
B 6	0.627	0.317	0.756	0.139
B 3	0.409	0.178	0.713	-0.146
B 2	0.532	0.523	0.677	0.105
B 5	0.540	0.567	0.654	0.123
B 7	0.821	0.323	0.421	0.901
Inherent		3.914	3.539	1.968
Dispersion rate%		32.618%	29.489%	12.108%
Cumulative Consignment Rate%		26.065%	42.116%	54.123%
KMO statistics				0.794
Bartlett ball test				1762.625*** (p < 0.001)

Source: This study.

2) External reasons

For the 12 factors extracted from Kagoshima travelers in Japan, they are classified as "service" and "communication".

Table14-2 Factor analysis of external reasons

Variable	Commonality	Composition	
		Factor 1	Factor 2
		Service	Communication
		9	3
C2	0.789	0.865	0.275
C7	0.775	0.857	0.335
C3	0.756	0.848	0.386
C10	0.742	0.837	0.256
C5	0.739	0.826	0.412
C1	0.564	0.819	-0.126
C6	0.678	0.788	0.316
C9	0.389	0.764	-0.156
C11	0.656	0.737	0.331
C8	0.703	0.413	0.886
C4	0.685	0.571	0.545
C12	0.606	0.163	0.536
Inherent		5.718	2.153
Dispersion rate%		47.649%	17.945%
Cumulative Consignment Rate%		47.649%	65.595%
KMO statistics			0.737
Bartlett ball test			1824.307*** (p < 0.001)

Source: This study.

(3) Pearson correlation analysis

1) Through analysis, among the internal reasons factors (motivation, attitude, learning) and external reasons factors (service, communication), "service" (0.352, 0.401, 0.368) has the highest correlation.

2) A common significant correlation was found in internal reasons factors and experience reasons, the most significant factor is "motivation" (0.347), followed by "learning" (0.311).

3) Through Pearson correlation analysis, external reasons factors and experience reasons, we can see the positive correlation "service" (0.416).

4) Internal, external, and experience reasons have significant correlations with the purchase behavior of tourists, and a "positive" correlation is derived

through analysis and inference.

(4) Regression analysis

Through linear regression analysis, it is verified that "internal reasons, external reasons and experience reasons have a significant impact on the purchase behavior of tourists". The predictors of internal reason factors (motivation, attitude, learning) (F=27.341 Sig<0.001%) and the recalculation coefficient (R^2) was 0.549 indicating a high explanatory power of the model. The recalculation coefficient (R^2) of external reason factors (services, communications) was 0.696, the predictive variable (F=21.205 Sig<0.001%), and the purchase behavior had a significant correlation. The predictive variable (F=27.117 Sig<0.001%), 56.9% indicates that the experience reason has a significant impact on the purchase behavior of tourists.

Table14-3 Internal reasons, external reasons and experience reasons have a significant impact on the purchase behavior of tourists

Internal reason Predicted	B	Standard error	Standardization Regression	T	Intention al
(Variable)	2.639	0.379		6.625	.000***
Motivation	0.80	0.262	0.566	3.769	.000***
Attitude	0.351	0.182	0.624	2.127	.000***
Learning	0.123	0.097	0.215	0.642	.003**
F =27.341***					
R^2 = 0.549					
External reason Predicted variable	B	Standard error	Standardized regression coefficient	T	Intentional accuracy P
(Variable)	4.202	0.368		7.536	.000***
Service	0.468	0.201	0.594	3.256	.000***
Communication	0.398	0.102	0.521	1.663	.000***
F =21.205***					
R^2 = 0.696					
Experience reason Predicted variable	B	Standard error	Standardization Regression	T	Intentional accuracy P
(Variable)	3.976	0.179		11.739	.000***
Experience factors	0.712	0.136	0.686	5.318	.000***
F =27.117***					
R^2 = 0.569					

P < 0.05* p < 0.01** p < 0.001***
Source: This study.

5. Results and analysis of hypothesis verification

(1)Results

Table14-4   Results of hypothesis verification

Hypothesis	Result
H1 : If the personal attributes are different, the internal reasons are different.	△
H2 : If the personal attributes are diffcrent, the external reasons are different.	△
H3 : If the personal attributes are different, the experience reasons are different.	△
H4 : Internal reasons have a significant impact on the purchasing behavior of tourists.	○
H5 : External reasons have a significant impact on the purchasing behavior of tourists.	○
H6 : Experience reasons have a significant impact on the purchasing behavior of tourists.	○

○ : accepted △ : partially accepted
Source: This study.

(2)Analysis

The results of this research and the previous research have the same points: In the research of Professor Sasaki (2000), the traveler's behavioral motivation includes the cause of the trigger and the cause of the inducement. The interaction between the traveler's attributes, travel motivations (motivation), and travel destination characteristics is established for the purpose of establishing a well-known set of travel destination selection, which develops into a set of considerations after considering individual constraints to achieve the travel destination selection. In the relevant analysis, there is a positive correlation between the internal, external, experience reasons of Kagoshima tourists in Japan and the purchasing behavior of tourists. The highest mean value is Kagoshima tourists' purchase commodities and specialties during their trips (4.48).Oh (2004) Professor's Research, trip typology, age and gender can serve as useful indicators for configuration of tourist shopper consumer profiles, and the implications are suggested. In order to investigate the purchasing behavior of tourists in Kagoshima, it is necessary to study the behavior of tourists. This is the same with the previous study.

The difference between the results of this research and the previous research: the highest of the average internal causes is to explore new knowledge and broaden horizons (4.69); The highest average for external reasons is that Kagoshima travelers will choose places with unique historical culture and special buildings (4.57). According to the research of professor's Arima (2014), the purchase behavior of foreign tourists to Hakone-Yumoto was compared with that of Asia, Europe and the United States. There were differences in the purchase behavior and the category of goods they care about. Europe and the United States showed interest in handicrafts and groceries. This is the difference between the previous study and this study.

The difference between previous research and this study analysis: Different literatures (such as the United States and China) have different results; this research is a quantitative study, and the results of qualitative and quantitative studies are different; the results of analysis are not the same because of different personal attributes.

6. Revelation

The internal reasons of this thesis are three predictors (motivation, attitude, and learning) from which "attitude" with the highest standardized regression coefficient (β = 0.624). External reasons have 2 predictors (service, communication), "service" with the highest standardized regression coefficient (β = 0.594).

As mentioned above, external reasons are the main reasons why tourists visit Kagoshima, Japan has an impact on the buying behavior of tourists. In order to develop the tourism industry, we should provide multilingual services according to the needs of tourists, develop a comprehensive service attitude, and formulate appropriate strategies to communicate experience and relieve pressure during the trip, so as to achieve personal aspirations.

This thesis also has several limitations. (1) It is analyzed from the five aspects of the personal attributes, internal reasons, external reasons, experience reasons, and tourist consumer purchase behavior of tourists in Kagoshima, Japan. There should be more elements to examine. (2) The number of questionnaires is not sufficient, and the explanatory power of the question will be accompanied by questions. In addition, if the relationship between travel motivation, travel experience, travel satisfaction, and lifestyle is clear, it is necessary to conduct surveys with people from different age groups as research objects. (3) In order to better grasp the actual situation in the future and improve the research on related content, it is necessary to develop a more theoretical model, increase the number of questionnaires, and analyze from multiple aspects.

【Notes】

(1) 佐々木土師二 (2000),『旅行者行動の心理学』日本・関西大学出版部。

(2) Oh, J., Y-J., Cheng, C-K., Lehto, X. Y., O'Leary, J., T.(2004), "Predictors of tourists' shopping behaviour: Examination of socio-demographic characteristics and trip typologies, "*Journal of Vacation Marketing*, Vol.10, No. 4, pp. 308-319.

(3) Engel, J.F., Blackwell, R.D & Miniard, P.W.(1995), *Consumer Behavior* (8th ed.), Dryden Press.

(4) 辻本法子・田口順等・荒木長照（2013),「贈与動機が消費者の購買行動にあたえる影響－熊本県における観光土産の実証研究－」『桃山学院大学経済経営論集』桃山学院大学総合研究所, 第55巻, 第1-2号, pp. 225-255。

(5) 有馬貴之など（2014),「箱根湯本における外国人観光客の土産物購買行動と土産物店・宿泊施設のサービス・コミュニケーションの状況」『観光科学研究』首都大学東京大学院都市環境科学研究科観光科学域, 第7巻, pp. 45-52。

【References】

［1］日本政府観光局 (JNTO)(2018) https://www.jnto.go.jp/jpn/statistics /tourists _2018df. pdf

［2］前田勇 (1995),『観光とサービスの心理学―観光行動学序説―』学文社。

［3］呉明隆 (2007),『SPSS 統計与応用問巻統計分析実務』五南図書出版有限会社, 台北。

［4］正木聡 (2009),「海外観光行動成立要因に関する研究―日本人の海外観光行動成立における情報の役割を中心として―」『日本国際観光学会論文集』, 第16号, ㈱昭文社。

［5］米川和雄・山崎貞政 (2012),『超初心者向け SPSS 統計解析マニュアル―統計の基礎から多変量解析まで―』北大路書房, pp.177-178。

(Zhao Kun)

Chapter 15　A Research on the Effect of Designability for Eco Purchase Attitude

——Focusing on Survey Results in Japan and Taiwan——

【Abstract】

Global environmental issues are problems common to all countries, and various efforts have been started to address them. Reflecting this, consumer environmental awareness is growing. There is a lack of research on consumer purchase behavior related to these, particularly on consumer environmentally conscious behavior, and there is very few research comparing Japan and Taiwan as well.

In this document, in order to elucidate the factors affecting eco purchase attitude, we formulated "designability" as a new factor in environmentally conscious behavior, constructed a new analysis model and hypothesis regarding the influence of designability on eco purchase attitude, and conducted a questionnaire survey targeting consumers in Japan and Taiwan.

As a result, the hypothesis was supported, and both countries demonstrated the correlation and influence from designability to eco purchase attitude.

【Key words】 : Japan, Taiwan, consumer, eco purchase attitude, designability

1. Introduction

Global environmental problems, such as global warming, are recognized as common problems throughout the world. In a situation where we are aiming for a recycling society on a global scale, the relationship between consumer behavior and environmental issues is one of the important themes in consumer behavior research.

However, there is very few previous research on environmentally conscious behavior in Japan and Taiwan, and there is a lack of research on consumer behavior for purchasing environmentally conscious products.

Therefore, in this research, we will clarify the relationship between the consumers' "purchase attitude (eco purchase attitude)" toward environmentally conscious products and the new factor "designability". In other words, for consumers in Japan and Taiwan, we will quantitatively compare and analyze the relationship between the two variables of designability and eco purchase attitude, and clarify the influencing factors of eco purchase attitude.

In this document, we will first clarify the problems of previous research and build a hypothesis and analysis model. Then, we will verify the hypothesis through a questionnaire survey, and finally, answer the given research topic.

2. Previous research in Japan and Taiwan

(1) Previous research in Japan

According to a survey conducted by Dentsu for domestic consumers [1] , the answer to social issues of interest was 69% for "environmental problems", 55.1% for "natural disasters" and 53.9% for "population aging", and "environmental issues" is ranked first for 5 consecutive years. Also, 60% of the respondents answered that they "want to live an environmentally conscious life even if it is somewhat inconvenient".

In addition, looking at the responses to purchasing environmentally conscious products in the survey, the number of people who have purchased environmentally conscious products increased from 46% to 56% from 2012 to 2013. In 2013, the percentage of people interested in purchasing environmentally conscious products, when including those who had considered purchasing, exceeded 80% [2] . Compared with the purchase intention in 2012, the percentage of those who answered that they have never considered purchasing has clearly decreased.

However, there is few previous research on the purchase of environmentally conscious products by consumers in Japan, and further research needs to be accumulated.

(2) Previous research in Taiwan

There is very few previous research in Taiwan that has studied the environmentally conscious behavior of consumers in Taiwan, and only the study of Kung (2002) is found.

In this research, the priorities of consumers' choice of hotels, the hotel's acceptance of environmental management, and the understanding of hotel environmental management measures were surveyed. The survey targets 370 men and women in Taibei.

As a result, it was proved that demographic variables change the image and choices of hotels depending on how the hotel approaches environmental issues. In addition, the results showed consumers have a high level of acceptance for hotel environmental management, but they have little knowledge [3].

(3) Previous research on factors affecting environmentally conscious behavior

In previous studies, demographic factors such as age, gender, household, income, etc. were initially taken up as determinants of environmentally conscious behavior, but consistent results have not been found. Recent research has added factors related to human personality, focusing on psychological factors such as attitudes, effectiveness assessments, and designability.

Petty et al. (1997) define "attitudes are commonly viewed as summary evaluations of objects (e.g. oneself, other people, issues, etc.) along a dimension ranging from positive to negative"[4]. Shimizu (2004) states that "attitudes are generally captured in a series of one-dimensional flows of belief, attitude, intention, and behavior" [5]. In consumer behavior research, attitudes are considered important as predictors of behavior.

In researches on environmentally conscious behavior conducted by Balderjahn (1988) [6], Crosby et al. (1981) [7], Schwepker and Cornwell (1991) [8], Nishio (2007) [9], and Li (2009) [10], it has been confirmed that attitude is an important predictor of environmentally conscious behavior. The results of empirical research indicate that attitude is the most important predictor in defining ecological behavior.

(4) Formulation of new factors

Efficacy assessments, designability, and attitudes are mainly demonstrated as factors of environmentally conscious behavior. However, some of the previous domestic research on purchasing behavior for environmentally conscious products has not demonstrated these factors. In Nishio/Takeuchi (2007), the ecological attitude was not recognized as a factor, and in Li's (2009) research of university students, efficacy assessment was not demonstrated as a factor, and the results differed from previous studies.

At the same time, new determinants have also been demonstrated. In Nishio and Takeuchi (2007), "Ecology involvement" and "Feasibility assessment" were demonstrated as new factors [11] . In Li (2009), "man-nature orientation" was recognized as an influential factor in the purchasing behavior of environmentally conscious products [12]. In addition to the factors that have been demonstrated so far in previous research, each researcher has formulated new factors, and the factors that influence environmentally conscious behavior have been formulated by accumulating research.

Therefore, in this document, we decided to explore the possibility of new determinants for environmentally conscious products.

The design is as follows :

When we searched for empirical research on product designability for purchasing behavior of environmentally conscious products, there were few previous kinds of research, close to none. Among the surveys of what consumers place importance on when choosing environmentally conscious products, there is research by Naoya Katsumoto (2007). Naoya Katsumoto (2007) conducted a questionnaire survey on the web to about 2,000 people in Japan on important items when purchasing environmentally conscious durable products. As a result, "Select products with consideration for the environment and good design" accounted for 18.9%, and "Select products with an emphasis on design" accounted for 51.9%. The numbers emphasizing design demonstrated to be about 70% [13]。

As one of the few previous studies on environmentally conscious products and designability, Hiromitsu Maeda (2012) conducted a questionnaire survey to 187 university students. As a result of the survey, factor analysis was performed on 19 items measuring the motivation for using eco bags, and 6 factors were extracted. One of them was named "fashionability". As a new element to promote the use of eco-bags, the possibility of "fashionability" is raised [14].

The results of research by Naoya Katsumoto (2007) showed that designability is an important factor for consumers when selecting products, and a factor of fashionability has also been extracted by Hiromitsu Maeda (2012). For these reasons, the design is expected to play an important role in selecting environmentally conscious products, and we newly propose "designability" as a determinant of the purchasing attitude of environmentally conscious products.

3. Problems of previous research

Dentsu's survey on environmentally conscious products shows that the number of people who have purchased such products has increased year by year, and now more than 80% of people are willing to purchase environmentally conscious products. On the other hand, there is a lack of empirical research on the influencing factors of purchasing behavior of environmentally conscious products in Japan. Similarly, in Taiwan, there is few previous research on consumers' environmentally conscious behavior, and only the research of Kung (2002) is found. In other words, there is a lack of research on environmentally conscious behavior for consumers in Japan and Taiwan. This is the first problem.

In addition, there is a lack of empirical research for a wide range of ages to elucidate the determinants of environmentally conscious behavior and verify the suitability of models. This is the second problem.

Furthermore, Japan and Taiwan are close neighbors, both of which are declining in population and the markets of both countries are expanding in relation to each other. Even in such a situation, there are very few studies comparing and analyzing Japanese and Taiwanese consumers regarding environmentally friendly behavior. This is the third problem.

Also, what has been demonstrated as a factor in purchasing behavior in other previous studies may be concluded not to affect behavior as a result of the research. In order to elucidate the determinants of environmentally conscious behavior, further empirical studies with new factors are necessary. This is the fourth problem. It is necessary to add new influential factors, formulate a purchasing behavior model for environmentally conscious products, conduct empirical research on the influential factors for a wide range of ages, and verify the suitability of the model.

4. Analytical model and hypothesis

To solve the first and second problems of lack of previous research on the environmentally conscious behavior of consumers in Japan and Taiwan, in this document, we conducted a questionnaire survey for consumers of a wide range of ages, targeting males and females from teens to over 60s in Japan and Taiwan. Also, in order to elucidate the influence factors of environmentally conscious behaviors of Japanese and Taiwanese consumers and to verify the suitability of the model, "designability" was introduced as a new influence factor of environmentally conscious behaviors to solve the fourth problem, and the following model and hypothesis was constructed regarding the impact of "designability" on "eco purchase attitude". In this research, the research subject will clarify the relationship between "purchasing attitude (eco purchase attitude)" and "designability" for environmentally conscious products. In order to solve the third problem, the results of Japanese and Taiwanese consumers will be compared and analyzed.

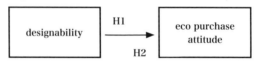

Figure 15-1 Research Model

Source: Prepared by the author.

H1: There is a clear correlation between designability and eco purchase attitude. (Japan, Taiwan)

H2: Designability has a significant impact on eco purchase attitude. (Japan, Taiwan)

5. Summary of the questionnaire survey

(1) Questionnaire survey form design

In this research, the two survey items of "designability" and "eco purchase attitude" were selected based on the document organization.

The author has set four questions on "designability" because there is no previous research.

Items related to "eco purchase attitude" were set to 4 questions referencing the scales of Nishio (2005) [15], and Taylor, S. & Todd, P. (1995) [16].

Excluding items related to personal attributes, the answer format was a five-level evaluation with 5 for "I agree" and 1 for "I do not agree".

The environmentally conscious products covered in this study included all convenience goods, shopping goods, and specialty goods.

(2) Survey results

In this research, the questionnaire survey was conducted for consumers in Japan and Taiwan. For Japanese consumers, 930 copies of questionnaires were distributed from July to November 2015 using the placement method and the street survey method, and 821 copies were collected (effective recovery rate: 88%). For the other survey, for consumers in Taiwan, 700 copies were distributed from July to October 2015 by the placement method, and 574 copies of the effective survey form were collected (effective recovery rate: 82%).

(3) Analysis method

Statistical analysis of the data was performed using the analysis software SPSS17.0, and the research hypothesis was verified.

(4) Consumer sample analysis
1) Japan Sample

In the sample, the ratio of males and females is 58.5% for "female" and 41.5% for "male", with a slightly higher percentage of females, and 62.5% for "unmarried" and 36.8% for "married", the majority being unmarried. Age ranges widely from teens to over 60s, "20s" being the largest with 34.1%, followed by "10s" with 15.6%, "30s" with 14.7%, and the smallest number was "above 60s" with 7.8%. As for educational backgrounds, "university" accounted for approximately half at 57.1%, "junior college / vocational school" at 20.1%, and "under high school" at 16.9%. Occupations were "students" at 39.1%, 30.5% for "employees", and 11.7% for "part-time workers". The survey respondents resulted in students and office workers to be the majority by approximately the same ratio.

In addition, regarding the purchase experience of environmentally conscious products, the greatest was 63.6% of "1-3 times", 17.8% was "4-10 times", and 11.7% was "more", resulting in 90% of consumers to be having purchasing experience. Only 11.7% answered "none".

The most common reason for purchasing environmentally conscious products was 42.5%, "for self and family", followed by "for the planet" with 35.7%. The lowest was 1.1% with the response of "for the country".

2) Taiwan sample

Of the collected samples, the ratio of males and females was 69.7% for "females" and 30.3% for "males", with a high percentage of females, 74.8% for "unmarried" and 24.7% for "married", with the majority being unmarried. Ages ranged from teens to over 60s, with "20s" being the most frequent at 40%, followed by "10s" at 21.8% and "40s" at 12.5%. In terms of educational background, "university" accounted for half at 50%, "junior college / vocational school" at 22.6%, and "high school and below" at 17.8%. Occupations were 50.3% for "students", 24.6% for "employees", and 8.4% for "part-time workers", and the survey results showed that more than 70% of respondents were students or office workers.

In addition, regarding the experience of purchasing environmentally conscious products, the most common was "1-3 times" of 62.2%, "4-10 times" of 20.2%, and "more" for 3.7%, resulting in more than 80% of consumers to be having purchasing experience.

The most common reason for purchasing was 45.5% of "For the planet", followed by "For self and family" at 37.1%. "For the country" was low at 7.5%, but compared to the result of Japan, there were more in Taiwan.

6. Analysis results

(1) Correlation analysis

Table 15-1 Correlation analysis table of designability and eco purchase attitude

		designability (Japan)	designability (Taiwan)
Eco purchase attitude	Pearson correlation coefficient	.476** *	.475***
	Significance (both sides)	.000	.000

Note : * means significant. ($p < .05^*, p < .01^{**}, p < .001^{***}$)
Source: Prepared by the author.

In this research, Pearson's correlation analysis was used to analyze the correlation between the determinant designability of eco purchase attitude, and eco purchasing attitude. Table 15-1 summarizes the analysis results. Through the analysis, there was a significant correlation between designability and eco purchase attitude, with a positive correlation (p <.001 ***). This demonstrated Hypothesis 1.

(2) Impact analysis

1) Japan analysis results

Table 15-2　Influence analysis table of designability on eco purchase attitude

Coefficient [a]					
Model	Unstandardized factor		Standardization factor	t value	Significance
	B	Standard deviation error	Beta		
1　(Constant)	1.689	.122		13.811	.000
Designability	.522	.034	.476	15.485	.000

a. Dependent variable Attitude
F value = 239.776*** ; R^2 value = 0.226 ; Note: *** p <.000
Source : Prepared by the author for this research.

In this research, we will create a regression equation model by forced entry method through multiple regression analysis based on the research hypothesis. Regression analysis was performed using designability as a predictor and eco purchase attitude as a dependent variable. The results are shown in Table 15-2. According to this result, the coefficient of multiple determination of designability (R^2) for the eco purchase attitude is 0.226, which means that the predictor variable (designability) can explain 22.6% of the dependent variable (eco purchase attitude). In addition, the standardized regression coefficient shows that the designability has a slight influence on the eco purchase attitude (β value = 0.476, t value = 15.485, P value = 0.000 ***). From the results of the regression analysis, it was found that designability has an impact on eco purchase attitude.

2) Taiwan analysis results

Table 15-3 Influence analysis table of designability on eco purchase attitude Coefficient [a]

Model		Unstandardized factor		Standardization factor	t value	Significance
		B	Standard deviation error	Beta		
1	(Constant)	1.632	.165		9.887	.000
	Designability	.582	.045	.475	12.919	.000

a. Dependent variable Attitude

F value = 166.899*** ; R^2 value = 0.226 ; Note: *** p <.000

Source : Prepared by the author for this research.

In this research, we will create a regression equation model by forced entry method through multiple regression analysis based on the research hypothesis. Regression analysis was performed using designability as a predictor and eco purchase attitude as a dependent variable. The results are shown in Table15-3. According to this result, the coefficient of multiple determination of designability (R^2) for the eco purchase attitude is 0.226, which means that the predictor variable (designability) can explain 22.6% of the dependent variable (eco purchase attitude). In addition, the standardized regression coefficient shows that the designability has a slight influence on the eco purchase attitude (β value = 0.475, t value = 12.919, P value = 0.000 ***). From the results of the regression analysis, it was found that designability has an impact on eco purchase attitude.

7. Hypothesis verification results and discussion

Based on the above results, the hypothesis was verified as follows.

H1: There is a clear correlation between designability and eco purchase attitude.

H2: Designability has a significant impact on eco purchase attitude.

As a result of the correlation analysis between designability and eco purchase attitude, a correlation was found for both Taiwanese and Japanese consumers, supporting Hypothesis 1. The correlation coefficient for Japan was 0.476, and the correlation coefficient for Taiwan was 0.475, which resulted in Japan having a slightly stronger correlation than Taiwan.

Next, as for the results on the influence of designability and eco purchase attitude, both Japan and Taiwan were recognized to have an influence, supporting

Hypothesis 2 as well.

In Japan, the coefficient of multiple determination of designability (R^2) for the eco purchase attitude was 0.226, which means that the predictor variable (designability) can explain 22.6% of the dependent variable (eco purchase attitude). The number was the same for Taiwan as well, resulting in the influence of designability to eco purchase attitude to be the same for Japan and Taiwan.

In other words, the influence of designability for eco purchase attitude is the same in Japan and Taiwan, and the correlation analysis demonstrates that influence in Japan is slightly stronger than Taiwan.

From this result, it was found that "designability" was demonstrated as a new factor in eco purchase attitude, and that designability influences the eco purchase attitude. From this, it has been clarified that the product designability is a factor that promotes the purchase of environmentally conscious products among consumers in Japan and Taiwan.

8. Conclusion

In this study, to elucidate the influencing factors on eco purchase attitude for Japanese and Taiwanese consumers, we quantitatively analyzed the relationship and impact between the two variables of designability and eco purchase attitude.

As a result of this study, Hypothesis 1 and Hypothesis 2 were both supported, and the correlation and influence of designability and eco purchase attitude were demonstrated in both Japan and Taiwan.

Regarding the correlation analysis, results showed that Japan had a slightly stronger correlation, and weaker for Taiwan.

Unlike previous research, this research newly demonstrated design as an influencing factor for eco purchase attitude of Japanese and Taiwanese consumers. As a result, it is elucidated that the designability of environmentally conscious products is an important factor that leads to purchasing, and making the designability of environmentally conscious products more attractive is thought to encourage purchasing.

Furthermore, for other factors, we would like to empirically analyze and compare Japan and Taiwan and develop research on the differences between the two countries.

234

[Notes]

(1) Dentsu Green Consumer Survey 2013 (http://www.dentsu.co.jp/)

(2) Same as above.

(3) Kung, Fang-Cheng(2002),"Hotel industry green marketing: consumer behavior", Kyushu Sangyo University Commerce Research,Vol1(1),pp.49-59.

(4) Petty, R.E., D.T. Wegener and L.R. Fabrigar(1997),"Attitudes and Attitude Change", *Annual Review, Pschool.*, 48,pp.607-647.

(5) Satoshi, Shimizu(2004),"Behaviour of the New Consumer",Chikura-Shobo,p.122.

(6) Balderjahn. I.(1998),"Personality Variables and Environmental Attitudes as Predictors of Ecologically Responsible Consumption Patterns", *Journal of Business Reserch*, Vol.17, pp.51-56.

(7) Crosby ,L.A., J.D. Gill, and J.R. Taylor (1981) ,"Consumer Voter Behavior in the Passage of the Michigan Container Law", *Journal of Marketing* ,45, pp.19-32.

(8) Schwepker .C. H. Jr., and T.B. Cornwell(1991),"An Examination of Ecologically Concerned Consumers", *Journal of Public Policy and Marketing*,10(2), pp.77-101.

(9) Nishio, Chizuru and Toshie Takeuchi(2007),"Consumer ecology behavior and direction of communication",*Bulletin of Nikkei Advertising Research Institute*,Vol.203,pp.18-24.

(10) Li, Zhenkun(2009),"A cross-national research on determinants of Japanese and Chinese consumers' energy conservation intention", *Yokohama Journal of Social Sciences*,Vol.30(1), pp.221-241.

(11) Nishio, Chizuru and Toshie Takeuchi(2007),"Consumer ecology behavior and direction of communication",*Bulletin of Nikkei Advertising Research Institute*,Vol.203,pp.18-24.

(12) Li, Zhenkun(2009),"A cross-national research on determinants of Japanese and Chinese consumers' energy conservation intention",*Yokohama Journal of Social Sciences*,Vol.30(1), pp.221-241.

(13) Katsumoto, Naoya(2007), "The necessary factor of the environment-conscious product considered from the customer position",54th Bulletin of Japanese Society for Science of Design, pp.142-143.

(14) Maeda, Hiromitsu(2012),"Effects of eco-bag use motives on environmentally friendly behavior", *Japanese Association of Industrial/Organizational Psychology*

journal, 25(2), pp.172-175.

(15) Nishio, Chizuru(2005), "Determinants of consumer waste reduction behavior", *Consumer Studies*, Vol.11(1),pp.1-18.

(16) Taylor,S. & Todd,P.(1995),"Decomposition and crossover effects in the theory of planned behavior :A study of consumer adoption intensions" *International Journal of Research in Marketing*,12,pp.137-155.

(Ayumi Kunisaki)

Chapter 16 A Study on the Chinese Consumers' Purchase Intention on Luxury Products Within the UK Market

【Abstract】

This study examined contemporary Chinese consumers' purchase intention towards luxury products by using quantitative research. Data were collected from questionnaire survey. Three factors are proposed relating to luxury purchase intention, namely personal factor, social factor and product-related factor based on which a conceptual model has been developed. The findings demonstrate that personal factor tend to be vitally important due to the increasingly influence of western culture, gift-giving requirement needs to be noticed; In contrast, social factor plays less significant role in terms of purchase intention although face saving is still important among Chinese consumers.

【Key words】 : Luxury consumption; Chinese; purchase intention; consumer behavior

1. Introduction

Luxury brands target wider consumers while they were initially designed only for small groups of elite individuals (Stegemann, 2006). Luxury products initially were consumed by high class people with the core image of superior quality while nowadays things changed as many luxury brands rely on the consumption of accessories such as handbags, perfumes, cosmetics etc. from wider public (Dion & Arnould, 2011).

Existing studies have explored various factors that can influence consumer behaviour towards luxury goods such as reference group (Childers and Rao,1992) and social needs (Ordabayeva & Chandon , 2011). However, insufficient researches focused on luxury purchase intention among Chinese people while China is experiencing a great change both in economy and social aspects. With increasing income in China and more luxury brands available, the luxury industry in China experienced the highest increase rate (33%) in the world. Considering most of the personal luxury goods are consumed abroad instead of mainland of China (Bain & Company, 2017), this study attempts to explore Chinese consumers' luxury purchase intention who stay in the UK less than 2 years, assuming they are not influenced too much by the western culture.

2. Personal factor

(1)Need for uniqueness

The need for uniqueness is seen as personal-level or psychological trait that reflects individual's need to differentiate themselves from others. Unique products can satisfy customers need for uniqueness (Simonson and Nowlis 2000) and luxury brands can provide distinctive attributes such as distinctive features; exclusivity and prestige appeal (Vigneron, & Johnson 2004).

Only a small group of Chinese consumers could afford luxury products (Zhan and He, 2011) which consolidate the uniqueness of luxury brands among Chinese consumers. High-uniqueness consumers have more intention to purchase scarce products including luxury products and famous brands (Zhan and He, 2011) than low-uniqueness consumers and would like to choose products that others do not like to buy.

(2)Need for conformity

Need for conformity contains 'evaluation by others, explicit information about the preferences of others, and negative feedback on previous decision performance' (Simonson and Nowlis, 2000, p49).

1) Bumkrant and Cousineau (1975) suggested other people's choice may influence consumers purchase intention as a source of product information. Some consumers consider a specific product more valuable when more people purchase it (Ross, Bierbrauer, and Hoffman 1976).

2) Consumers purchase intention will be influenced by other people's evaluations on specific products (Cohen and Golden, 1972). For instance,

Chinese people intent to buy a Chanel perfume when people around him/ her have good evaluations on the aroma. Besides, credible information from others can enhance the product image and encourage consumers purchase intention (Cohen and Golden, 1972).

3) Previous negative feedback from others. As Simonson and Nowlis (2000) suggested that it can reflects consumers' need for conformity. For instance, negative service comments of a luxury hotel from other people who have past experienced may influence consumers' purchase intention.

(3)Hedonic / Utilitarian motivation

Consumers purchase intention is driven by hedonic or utilitarian motivation (Dhar, Wertenbroch, 2000). Holbrook and Hirschman (1982) first introduced the hedonic and utilitarian theory of various dimensions of consumption which is individually different. Hedonic motivations have been explored by Arnold and Reynolds (2003) that contains gratification, value etc. Utilitarian motivations are 'task-oriented, rational, and cognitive' (Babin et al., 1994 cited in Kang, & Park-Poaps, 2010 p316).

Utilitarian motivation has been measured by necessary/unnecessary (Okada, 2005) and usefulness/not (i.e. Childers et al, 2001). Hedonic motivation can be measured by delight or not (i.e. Voss et al, 2003), stress release (i.e. Arnold and Reynolds, 2003 & 2012) and exciting or not (Arnold and Reynolds, 2012). Chitturi et al (2008) suggested that consumers' feelings of delight can be enhanced by hedonic benefits of products for the sake of improving customers repurchase intention.

H1 : Personal factor has a significant influence on Chinese consumers purchase intention on luxury products.

$H1_a$: The need for uniqueness has a significant influence on Chinese consumers purchase intention on luxury products.

$H1_b$: The need for conformity has a significant influence on Chinese consumers purchase intention on luxury products.

$H1_c$: Utilitarian motivation has a significant influence on Chinese consumers purchase intention on luxury products.

$H1_d$: Hedonic motivation has a significant influence on Chinese consumers purchase intention on luxury products.

3. Social factor

Chinese culture is characterised as collectivism (i.e. Trafimow,Triandis and Goto, 1991). As Hui and Triandis (1986) propose Chinese people care about relationships by keeping together with the group and trying to avoid rejection. Confucius face culture greatly affects Chinese consumers consumption values due to the social prestige need which can generate bandwagon effect (Jap, 2010). Lee (1990) suggested two social factors for Confucian culture, face saving and group conformity, can affect purchase intention.

(1) Face saving

Face refers to 'a person's claimed sense of positive image in a relational context, and it is gained by performing one or more specific social roles that are well recognized by others' (Bond 1991 cited in Lee & Dawes 2005, p34). Face saving can be explained by 'an individual's place in his/her social network' (Jin and Kang. 2011, p189), losing face is serious that may affect an individual's ability to behave effectively in a society (Ho, 1976). Lee (1990) suggests that face saving affects purchase intention directly. Thus, face saving is suggested to be a measurement in social factor.

(2) Social referent

'Social referent influence refers to the extent to which relevant others are instrumental in determining an individual's consumption behaviour' (Wang,Y. 2006, p24). Consumers' purchase intention can be affected by reference group such as family members, friends etc. For instance, Family members provide specific information that fit consumers in collectivism culture (Lee &Kacen, 2008) and give suggestions to consumers which may affect their purchase intention. Bagozzi and Lee (2002) examined social influence in friendship groups and found that consumers from collectivist culture tend to value others' opinion to maintain relationship. For luxury products, studies have shown that peer groups significantly drive consumers to purchase specific brand or product (Childers and Rao ,1992).

Chuang, Cheng and Hsu (2012) make it clear that reference group members significantly influence consumers to choose compromised option when divergence comes out. Consumers choose luxury brand as a cue to match their social groups (Han et al, 2010).

H2 : Social factor has a significant influence on Chinese consumers' luxury purchase intention.

$H2_a$: Face saving has a significant influence on Chinese consumers purchase intention on luxury products.

$H2_b$: Social referent has a significant influence on Chinese consumers purchase intention on luxury products.

4. Product-related factor

Hudders (2012) proposed two dimensions of luxury brands can influence consumers purchase intention. One is expressive motive dimension such as status gains or exclusivity—'expressive purchase motives refer to the consumption of luxury brands because they can signal hidden information about the owner to significant others' (p.610).Another is impressive motive dimension such as excellent quality of luxury goods. Luxury brands provide superior quality (functional) and aesthetically appealing design(emotional).

(1)**Quality:** Consumers view price as a cue of quality assessment. Thus, consumers' expectation towards luxury products is unconsciously high in terms of quality (Shiv, Carmon & Ariely, 2005). The perceived brand quality is a determinate for consumers' willingness to pay a premium price for a specific product (Netemeyer et al. , 2004).

(2)**Aesthetic design :** Luxury products' aesthetic design can satisfy customers' tastes. Hoyer & Stokburger (2012) develop a conceptual framework for the decision-making process of customers aesthetic tastes. The unique design of luxury goods can also meet customers' hedonic value which may encourage their purchase intention.

H3 : Product-related factor has a significant influence on Chinese consumers' luxury purchase intention.

$H3_a$: Expressive motive has a significant influence on Chinese consumers' luxury purchase intention.

$H3_b$: Impressive motive has a significant influence on Chinese consumers' luxury purchase intention.

5. Results

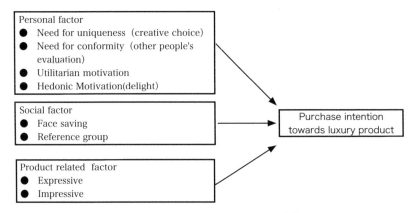

Figure 16-1   Moderated model

Source: From this study.

(1)Personal factor

Bivariate regression is conducted to test **H1** and the result shows that personal factor significantly influence respondents' LPI at p<.01 level (sig.=.000), positive slope of the regression line support this hypothesis (correlation =.297). H1a, H1b, H1c , H1d are supported by multiple regression analysis.

1) Despite the significance level of NFU is high (p<.001), the 'avoidance of similarity' of predictor variables has no correlation with PI due to p>.1. In contrast, 'creative choice' contributes to NFU's importance correlated with criterion variable at =.305.

2) H1b is supported despite at a relative low level with p<.005. This is consistent with a research conducted by Russell Adams (2011) who suggested that Chinese consumers tend to expect utilitarian use of luxury goods. 'Other people's evaluation' significantly influence criterion variable (=.301, p<.001) while, instead, 'other people's choice' is found to have no relationship with PI (=-.161).

3) H1c is supported overall but the two predictor variables' contributions to the

model both are not strong enough (=.283 and = .147). It should be noticed that Chinese consumers' brand orientation as a result of choosing gifts especially during special seasons (Qian, 2007).

4) H1d is also supported at significant value of .000(P<.001). However, 'stress release' is not significant (p>.1) in relation to criterion variable. 'delight or not' makes great contribution to explain criterion variable (correlation =.353).

(2) Social factor

H2 is not supported by both bivariate regression analysis result and qualitative interview. There is no correlation between predictor and criterion variables (= -.196, R square=.039). It suggests the influence of collectivism culture on Chinese consumers decline in recent days and this is consistent with Jin and Kang (2011)'s study. This phenomenon has been explained as China is changing and individualism and materialism are inclined to be notable as a result of economic reforms (Leung, 2008).

H2a & H2b: The relationship between 'face saving' and criterion variable has been tested by bivariate regression analysis and the correlation between them (R square=.042 and =.204) is not strong but they are significant related with p<.01. Hence, H2a is supported by quantitative analysis although face saving is found not as a good variable.

Multiple regression analysis has been applied to test H2b and the result indicates that it has no significant effect on PI (R square = .028). Each variable under social referent dimension is seen as insignificant at α >.10 level.

(3) Product-related factor

H3 is supported by bivariate regression analysis at α <.001 level. However, this is not a good predictor as the adjusted R square is .068 which means that the model has accounted for 6.8% of the variance in the criterion variable.

H4a and H4b are supported but at different levels. H4b is more significant at P<.01 level while H4a at P<.05 level. The premium price has no relationship with criterion variable (=-.046). Among these predictor variables, 'design' is the most important factor under impressive dimension at P<.001 level and coefficient of .346 means the relationship is strong. Quality variable is not associated with customers purchase intention towards luxury products (P>.1).

6. Conclusion and suggestions

(1) Personal factor tends to be vitally important among Chinese people in terms of luxury purchase intention while more emphasis is placed on utilitarian motivation. Indeed, the changing westernised society (Fang, Zhao, Worm, 2008) has given rise to the importance of personal factors on Chinese consumers luxury purchase intention. Jin and Kang (2011) proposed that contemporary Chinese consumers purchase intention toward foreign brands is more influenced by individualistic value rather than collectivism. Besides, Chinese people emphasise brand orientation when they choose gifts for special occasions (Wang, Mohammed, & Keng, 2007).

(2) There is insignificant relationship between social factor and luxury purchase intention.

  1) Face saving factor is supported although social reference is rejected.

  2) Friends' influence is more than family members and other people in the shop.

(3) Product-related factor is supported by data analysis but with different levels. Impressive factor is more significant than expressive factor, this is consistent with Shuakla and Purani(2012)'s finding that consumers in collectivist context show low level of expressive values.

  1) Product design is the most significant element. Luxury industry should tailor to consumers' personal need, create unique design to meet the need of uniqueness. Marketing strategy should pay attention on the difference of products.

  2) 'Price discount' influence consumers purchase intention. No matter how expensive the luxury product is, discount makes 'value of money' in customers' mind. They trust the quality of luxury goods especially branded products but this is not the reason they would like to buy luxury goods.

Therefore, strategic decisions regarding to product design and exclusive price discount should be paid more attention. Appropriate price strategy could benefit the company in a short term while the improvement of product design is a long run effect based on the strong correlation with customers' purchase intention.

【Reference】

［1］ Arnold, M.J. and Reynolds, K.E., 2012, Approach and Avoidance Motivation: Investigating Hedonic Consumption in a Retail Setting, *Journal of Retailing, In Press, Corrected Proof, Available online 22 February 2012*.

［2］ Babin, B.J., Darden, W.R. and Griffin, M., 1994. Work and/or Fun: Measuring Hedonic and Utilitarian Shopping Value, *Journal of Consumer Research*, Vol. 20(4), pp. 644-656.

［3］ Bain & company, 2018, China Luxury Market Study. Retrieved May 3, 2018 from http://www.bain.com.cn/news_info.php?id=899

［4］ Bagozzi R.P., Lee K.H., 2002, Multiple routes for social influence: the role of compliance, internalization and social identity, *Social Psychology*; 65 (3):226-47.

［5］ Childers,T.L. & Rao, A.R.,1992, The Influence of Familial and Peer-Based Reference Groups on Consumer Decisions, *Journal of Consumer Research*, 19(2), pp. 198-211.

［6］ Childers, T.L., Carr, C.L., Peck, J. and Carson, S., 2001, Hedonic and utilitarian motivations for online retail shopping behavior, *Journal of Retailing*, 77(4), pp.511-535.

［7］ Chitturi,R., Raghunathan, R., Mahajan,V., 2008, Delight by Design: The Role of Hedonic Versus Utilitarian Benefits, *Journal of Marketing*, 72(3), pp. 48-63.

［8］ Chuang, S., Cheng, Y., & Hsu, C., 2012, 'The influence of suggestions of reference groups in the compromise effect', *Journal of Economic Psychology*, 33 (3), pp. 554-565, Business Source Premier, EBSCOhost, viewed 9 July 2012.

［9］ Cohen, Joel B., and Golden, Ellen, 1972, Informational Social Influence and Product Evaluation, *Journal of Allied Psychology* 56 (Feb), pp. 54-59.

［10］ Dhar, R., Wertenbroch, K., 2000, Consumer Choice Between Hedonic and Utilitarian Goods, *Journal of Marketing Research*, 37(1), pp. 60-71.

［11］ Dion, D.& Arnould, E., 201, Retail Luxury Strategy: Assembling Charisma through Art and Magic, *Journal of Retailing*, 87(4), pp. 502-520.

［12］ Hoyer, W.D. & Stokburger-sauer, N., 2012, The role of aesthetic taste in consumer behavior, *Academy of Marketing Science*, 40(1), pp. 167-180.

［13］ Holbrook, M.,&Hirschman, E.C.,1982, The experiential aspects of consumption: Consumer fantasies, feelings, and fun, *The Journal of Consumer Research*, 9, pp.132-140.

［14］ Hudders, L 2012, Why the devil wears Prada: Consumers' purchase motives for luxuries, *Journal Of Brand Management*, 19(7), pp. 609-622.

[15] Jap, W. 2010, Confucius Face Culture on Chinese Consumer Consumption Values toward Global Brands, *Journal of International Management Studies*, 5(1), pp. 183-192.

[16] Jin.B. and Kang.J.H. 2011, Purchase intention of Chinese consumers toward a US apparel brand: a test of a composite behavior intention model, *Journal of Consumer Marketing*, 28(3) p.187–199.

[17] Lee, C., 1990, Modifying an American consumer behavior model for consumers in Confucian culture: the case of Fishbein behavioral intention model, *Journal of International Consumer Marketing*, 3 (1), pp. 27-50.

[18] Lee, J.A. Kacen J.J., 2008, Cultural influences on consumer satisfaction with impulseand planned purchase decisions, *Journal of Business Research*, 61 pp. 265–272.

[19] Leung, K, 2008, Chinese culture, modernization, and international business, *International Business Review*, 17(2), pp. 184-187.

[20] Netemeyer R.G., Krishnan B., Pullig C., Wang G., Yagci M., Dean D., Ricks, J., Wirth, F., Developing and validating measures of facets of customer-based brand equity, *Journal of Business Research*, 2004;57, pp. 209-24.

[21] Ordabayeva, N., & Chandon, P., 2011, Getting Ahead of the Joneses: When Equality Increases Conspicuous Consumption among Bottom-Tier Consumers, *Journal of Consumer Research*, 38(1), pp. 27-41.

[22] Ross, L., G. Bierbrauer, and S. Hoffman, 1976, The Role of Attribution Processes in Conformity and Dissent: Revisiting the Asch Situation, *American Psychologist*, 31 (February), pp.148-57.

[23] Russell Adams, 2011: The Utility of Prestige: Chinese and American Hedonic Ratings of Prestige Goods, *Journal of Global Marketing*, 24(4), pp.287-304.

[24] Simonson, I and Nowlis, S., 2000, The Role of Explanations and Need for Uniqueness in Consumer Decision Making, *Journal of Consumer Research*, 27 (1), 49-68.

[25] Sherry, J.F., 1990, Dealers and dealing in a periodic market: informal retailing in ethnographic perspective, *Journal of Retailing*, 66, pp. 5-24.

[26] Shiv, Baba, Ziv Carmon, and Dan Ariely, 2005, Placebo Effects of Marketing Actions: Consumers May Get What They Pay For, *Journal of Marketing*

Research, 42 (November), pp.383-93.

［27］ Stegemann,N., 2006, Unique Brand Extension Challenges For Luxury Brands, *Journal of Business & Economics Research*, 4(10), pp. 57-68.

［28］ Trafimow, D. Triandis, H.C. and Goto,S.G., 1991,Some Tests of the Distinction between the Private Self and the Collective Self, *Journal of Personality and Social Psychology*, 60(May), pp. 649-655.

［29］ Vigneron, F., & Johnson, L. W., 1999, A Review and A Conceptual Framework of Prestige-Seeking Consumer Behavior, *Academy of Marketing Science Review*, 1999, pp.1-15.

［30］ Vigneron, F., & Johnson, L. W., 2004, Measuring Perceptions of Brand Luxury, *Measuring Perceptions of Brand Luxury*, 11(6), pp. 484-506.

［31］ Voss, K.E, Spangenberg, E.R., Grohmann, B., 2003, Measuring the Hedonic and Utilitarian Dimensions of Consumer Attitude, *Journal of Marketing Research*, 40(3), pp. 310-320.

［32］ Wang, Q., Mohammed, A. R., & Keng, K. A., 2007, Chinese cultural values and gift-giving behavior, *The Journal of Consumer Marketing*, 24(4), pp. 214-228.

［33］ Wang, Y., 2006, *A cross-cultural study of consumer attitudes and emotional responses of apparel purchase behavior*, The Florida State University.

［34］ Wiedmann, K.P., Hennigs, N., & Siebels, A., 2007, Measuring consumers' luxury value perception: a cross-cultural framework, *Academy of Marketing Science Rivew*, 7, pp.1-21.

［35］ Young Jee Han, Joseph C. Nunes, Xavier Drèze, 2010, Signaling Status with Luxury Goods: The Role of Brand Prominence, *Journal of Marketing*, 74(4), pp. 15-30.

［36］ Zhan L., He Y., 2012, Understanding luxury consumption in China: Consumer perceptions of best-known brands, *Journal of Business Research*, 65(10), October 2012, pp.1452-1460.

(Yang Huaxia)

亜東経済国際学会の概要

設立 1989年に東アジアの経済・経営に関心のある研究者・実務家によって結成される。現在，日本，中国，台湾地区，韓国などの会員から構成される。

活動 毎年海外の学会や大学と共催で国際学術会議を開催し，その研究成果は国内外の著名な出版社から亜東経済国際学会研究叢書として出版している。

第1回　1989年　亜東経済国際学会（於台湾中華工商研究所，台湾東海大学）

第2回　1990年　亜東経済国際学会（於日本大牟田ガーデンホテル，九州帝京短大）

第3回　1990年　亜東経済国際学会（於中国東北財経大学，中国人民大学）

第4回　1991年　The Eastern Economies International Academy IV （於 CHINESE UNIVERSITY OF HONG KONG ）

第5回　1992年　国際財経学術研討会（中国上海財経大学と共催）（於中国上海財経大学）

第6回　1993年　中外合資企業経営国際学術研討会（中国復旦大学・上海管理教育学会と共催）（於中国復旦大学）

第7回　1993年　国際工商管理学術研討会（中国杭州大学と共催）（於中国杭州大学）

第8回　1995年　中日工商管理学術研討会（中国地質大学武漢人文管理学院と共催）（於中国地質大学武漢人文管理学院）

第9回　1995年　中国三資企業発展與管理問題国際討論会（中国復旦大学と共催）（於中国復旦大学）

第10回　1996年　亜東経済学術研討会（中国華東師範大学国際金融系と共催）（於中国華東師範大学国際金融系）

第11回　1997年　「中国対外開放與中日経済関係」学術研討会（中国上海対外貿易学院と共催）（於中国上海対外貿易学院）

第12回　1998年　亜洲経済問題研討会（中国華東師範大学経済系と共催）（於中国華東師範大学経済系）

第13回　1998年　亜東経済国際学会 '98 年会（中国青島大学国際商学院と共催）（於中国青島大学国際商学院）

第14回　1999年　亜洲経済研討会（中国上海財経大学国際工商管理学院と共催）（於中国上海財経大学国際工商管理学院）

第15回　2000年　中日経済，社会，文化学術研討会（中国上海財経大学国際工商

管理学院と共催）（於中国上海財経大学国際工商管理学院）

第16回　2000年　社会與経済学術研討会（中国厦門大学社会科学部と共催）（於
中国厦門大学社会科学部）

第17回　2001年　亜東経済與社会学術研討会（中国厦門大学社会科学部と共催）（於
中国厦門大学社会科学部）

第18回　2001年　東亜経済與社会学術研討会（中国青島大学国際商学院と共催）（於
中国青島大学国際商学院）

第19回　2001年　21世紀産業経営管理国際学術研討会（台湾国立高雄応用科技大
学と共催）（於台湾国立高雄応用科技大学）

第20回　2002年　韓日国際経済・社会学術研討会（韓国高神大学校と共催）（於
韓国高神大学校）

第21回　2002年　国際化與現代企業学術研討会（中国華東師範大学商学院と共催）
（於中国華東師範大学商学院）

第22回　2003年　企業的国際化経営和管理策略国際学術研討会（中国復旦大学管
理学院企業管理系と共催）（於中国復旦大学管理学院企業管理系）

第23回　2004年　中日社会與管理国際学術研討会（中国広西大学社会科学興管理
学院と共催）（於中国広西大学社会科学興管理学院）

第24回　2005年　経済全球化與企業戦略国際学術研討会（中国上海立信会計学院・
台湾中華工商研究院と共催）（於中国上海立信会計学院）

第25回　2006年　全球化時代的経済與社会国際学術研討会（台湾国立雲林科技大
学管理学院・中国上海立信会計学院と共催）（於台湾国立雲林科技大学管理学院）

第26回　2007年　亜洲産業発展與企業戦略国際学術研討会（中国復旦大学管理学
院産業経済学系・鹿児島国際大学・台湾高雄応用科技大学と共催）（於中国復旦大
学管理学院産業経済学系）

第27回　2008年　東亜経済管理與社会保障国際学術研討会（中国南昌大学と共催）
（於中国南昌大学）

第28回　2009年　東アジア産業経済・企業管理国際学術会議（中国復旦大学管理
学院産業経済学系・台湾高雄応用科技大学と共催）（於鹿児島国際大学）

第29回　2009年　亜洲産業競争力與企業経営管理国際学術研討会（台湾南開技術
学院・中国復旦大学管理学院産業経済学系と共催）（於台湾台中市）

第30回　2010年　学会創立20周年記念大会・東亜企業管理発展戦略国際学術会
議（台湾高雄応用科技大学と共催）（於鹿児島国際大学）

第31回　2010年　21世紀産業経営管理国際学術研討会（台湾国立高雄応用科技大
学管理学院と共催）（於台湾国立高雄応用科技大学管理学院）

第 32 回　2010 年　東アジアの産業発展・企業管理国際学術会議（中国復旦大学管理学院産業経済学系・台湾高雄応用科技大学管理学院と共催）（於鹿児島国際大学）

第 33 回　2011 年　東北亜福祉経済共同體国際学術研討会（韓国釜山長善綜合福祉共同體・東北亜福祉経済共同體フォーラム・日本中国社会福祉研究会と共催）（於韓国釜山市長善綜合福祉共同體大講堂）

第 34 回　2011 年　劉成基博士傘寿記念大会・東アジアの産業・企業国際学術会議（台湾高雄応用科技大学管理学院・東北亜福祉経済共同體フォーラムと共催）（於鹿児島国際大学）

第 35 回　2012 年　東アジアの産業経営管理国際学術会議（台湾産業競争力暨学術研究交流協会と共催）（於鹿児島国際大学）

第 36 回　2012 年　亜洲産業発展與企業管理国際学術研討会（台湾国立屏東科技大学・東北亜福祉経済共同體フォーラムと共催）（於台湾国立屏東科技大学）

第 37 回　2013 年　亞洲的社會現状與未來国際学術研討会（「アジア社会の現状と未来」国際学術研討会）（台湾南台科技大学応用日本語学科・台湾産業競争力暨学術研究交流協会 (TISIA) と共催）（於台湾南台科技大学）

第 38 回　2013 年　東アジアの社会・産業・企業発展国際学術会議（東北亜福祉経済共同體フォーラム・台湾國立高雄應用科技大學観光管理系・台湾産業競争力暨学術研究交流協会 (TISIA) と共催）（於鹿児島国際大学）

第 39 回　2014 年　東亜の福祉ビジネス・産業経営国際学術研討会（東北亜福祉経済共同體フォーラム・韓国長善綜合福祉共同體等・韓国富者学研究学会と共催）（於韓国済州ベネキア・マリンホテル）

第 40 回　2014 年　アジアの社会・産業・企業国際学術会議（長崎県立大学東アジア研究所・東北亜福祉経済共同體フォーラム・中国復旦大学東水同学會・台湾和春技術学院企業管理系と共催）（於長崎県立大学佐世保キャンパス）

第 41 回　2015 年　東アジアの産業・企業革新国際学術会議（中国復旦大学管理学院と共催）（於鹿児島国際大学）

第 42 回　2015 年　長期照顧保険與長照機構管理国際学術研討会（台湾弘光科技大学老人福祉與事業系・台湾高齢役務管理学会・東北亜福祉経済共同體フォーラムと共催）（於台湾弘光科技大学）

第 43 回　2015 年　アジアの社会・産業・企業国際学術会議・第 108 回日本観光学会太宰府全国大会分科会兼（日本観光学会と共催）（於プラム・カルコア太宰府）

第 44 回　2016 年　東アジアの産業・観光発展国際学術会議（中国河南科技大学管理学院観光管理系・中国同済大学発展研究院と共催）（於鹿児島国際大学）

第 45 回　2016 年　東亜経済文化旅游産業国際学術会議（中国河南科技大学管理学

院と共催）（於中国洛陽市河南科技大学管理学院）

第46回　2016年　東北亜福祉事業與産業経営国際学術研討会（東北亜福祉経済共同體フォーラム・台湾高齢役務管理学会と共催）（於韓国釜山市長善綜合福祉共同體大講堂）

第47回　2016年　東アジアの福祉・観光・産業国際学術会議（「東アジアの平和な地域社会創出」国際学術会議分科会・劉成基博士追悼大会兼）（グローバル地域研究会・東北亜福祉経済共同體フォーラムと共催）（於鹿児島国際大学）

第48回　2017年　亜州服務業管理応用與未来展望国際研討会（台湾南台科技大学応用日語系と共催）（於台湾南台科技大学）

第49回　2017年　東アジアの観光・産業・企業国際学術会議（グローバル地域研究会・東北亜福祉経済共同體フォーラム・日本観光学会九州支部・中国復旦大学管理学院等と共催）（於熊本学園大学）

第50回　2018年　東アジアの文化・観光発展と産業経営国際学術会議）（第3回「世界平和と地域経済社会の創出」国際学術会議兼）（グローバル地域研究会・日本観光学会九州部会・台湾南台科技大学応用日語系・中国同済大学発展研究院等と共催）（於鹿児島国際大学）

第51回　2018年　東北亜福祉観光経営国際学術研鑽会（東北亜福祉経済共同體フォーラム・韓国長善綜合福祉共同體・台湾弘光科技大学老人福利與事業系と共催）（於韓国釜山長善綜合福祉共同體大講堂）

第52回　2018年　東アジアの文化・観光発展と産業経営国際学術会議）（第4回「世界平和と地域経済社会の創出」国際学術会議兼）（グローバル地域研究会・中国山東師範大学等と共催）（於鹿児島国際大学）

第53回　2019年　東アジアの文化・観光発展と産業経営国際学術会議）（第5回「世界平和と地域経済社会の創出」国際学術会議兼）（グローバル地域研究会・中国日語教学研究会山東分会等と共催）（於鹿児島大学）

第54回　2019年　東アジアの産業・企業発展国際学術研討会（中国同済大学発展研究院と共催）（於中国同済大学）

第55回　2019年　東アジアの社会・産業・企業発展政策国際学術会議（日本経済大学大学院政策科学研究所・グローバル地域研究会・韓国東北亜福祉経済共同體フォーラム・中国復旦大学産業経済系・台湾國立高雄科技大学等と共催）（於東京都渋谷区の日本経済大学大学院）

第56回　2019年　東アジアの社会・産業・企業発展政策国際学術会議分科会（グローバル地域研究会・中国吉首大学商学院と共催）（於鹿児島国際大学）

第57回　2019年　東北亜福祉経済暨長期照顧品質国際学術研討會（台湾国立空中

大学、東北亜福祉経済共同体スォーラム等と共催）（於台湾台中市国立空中大学）

第58回　2019年　東アジアの文化・観光発展と産業経営」国際学術会議―東アジアの繊維産業と企業のシンポジウム―（中国東華大学・グローバル地域研究会と共催）（於鹿児島国際大学）

亜東経済国際学会研究叢書の出版

第1巻　1992年『企業経営の国際化』（日本・ぎょうせい）

第2巻　1994年『東亜企業経営（中文）』（中国・復旦大学出版社）

　　　　1995年『東アジアの企業経営（上)』（中国・上海訳文出版社）

　　　　1995年『東アジアの企業経営（下)』（中国・上海訳文出版社）

第3巻　1997年『中国三資企業研究（中文）』（中国・復旦大学出版社）

第4巻　1999年『中国対外開放與中日経済関係（中文）』（中国・上海人民出版社）

第5巻　2002年『国際化與現代企業（中文）』（中国・立信会計出版社）

第6巻　2004年『企業国際経営策略（中文）』（中国・復旦大学出版社）

第7巻　2006年『中日対照　経済全球化與企業戦略』（中国・立信会計出版社）

第8巻　2008年『亜洲産業発與企業発展戦略（中文）（査読制）』（中国・復旦大学出版社）

第9巻　2010年『東亜経済発展與社会保障問題研究（中文）（査読制）』（中国・江西人民出版社）

第10巻　2009年『東亜産業発展與企業管理（中文・繁体字）（査読制)』（台湾・暉翔興業出版）

第11巻　2010年『亜洲産業経営管理（中文・繁体字）（査読制)』（台湾・暉翔興業出版）

第12巻　2011年　亜東経済国際学会創立２０周年記念論文集『アジアの産業発展と企業経営戦略（査読制)』（日本・五絃舎）

第13巻　2011年『東亜産業與管理問題研究（中文・日文・英文）（査読制)』（台湾・暉翔興業出版）

第14巻　2012年　劉成基博士傘寿記念論文集『東アジアの産業と企業（査読制)』（日本・五絃舎）

第15巻　2012年『東亜産業経営管理（中文・英文・日文）（査読制)』（台湾・暉翔興業出版）

第16巻　2014年『東亜社会発展與産業経営（中文・日文）（査読制)』（台湾・暉翔興業出版）

第17巻　2014年『東アジアの社会・観光・企業（日本語・英語）（査読制)』（日本・五絃舎）

第18巻　2015年『亜洲産業発展與企業管理（中文・英文・日文）（査読制)』（台湾・

昱網科技股份有限公司出版）

第 19 巻　2017 年『アジアの産業と企業（日本語・英語）（査読制）』（日本・五絃舎）

第 20 巻　2017 年『東亜産業発展與企業管理（中文・英文・日文）（査読制）』（台湾・昱網科技股份有限公司出版）

第 21 巻　2019 年藤田紀美枝先生傘寿記念論文集『東アジアの観光・消費者・企業（日本語・英語）（査読制）』（日本・五絃舎）

第 22 巻　2020 年亜東経済国際学会創立３０周年記念論文集『東アジアの社会・観光・経営（査読制）』（日本・五絃舎）

学会役員・理事（2019 年 10 月 1 日より）

会　　長　　原口俊道（日本・鹿児島国際大学名誉教授・中国華東師範大学顧問教授・商学博士）

副会長　　黒川和夫（日本・鹿児島国際大学大学院非常勤講師・経済学博士）

副会長　　兪　進（中国・中国首席研究員・経済学博士）

副会長　　羅　敏（中国・元広西大学講師・経済学博士）

副会長　　藤田紀美枝（日本・人材育成研究所所長）

副会長　　張慧珍（台湾・国立屏東科技大学副教授・経済学博士）

常務理事　盧駿葳（台湾・南台科技大学応用日語系助理教授・経済学博士）

常務理事　廖筱亦林（中国・中国研究員・経済学博士）

常務理事　國﨑　歩（日本・九州共立大学経済学部講師・経済学博士）

理　　事　　許雲鷹（中国・上海財経大学副研究員）

理　　事　　黄一修（台湾・中華工商研究院総院長・経済学博士）

理　　事　　三好慎一郎（日本・宮崎大学非常勤講師・経済学博士）

理　　事　　劉水生（台湾・滋和堂企業股份有限公司董事長・経済学博士）

理　　事　　李建霖（台湾・JJK 日本観光手配センター取締役・経済学博士）

理　　事　　祖恩厚（中国・河南科技大学管理学院講師・経済学博士）

理　　事　　廖力賢（台湾・台湾支部研究員・経済学博士）

理　　事　　王新然（中国・青海師範大学経済管理学院講師・経済学博士））

理　　事　　孫愛淑（中国・吉首大学商学院経済学系講師・学術博士）

理　　事　　原田倫妙（日本・台湾支部研究員・経済学博士）

理　　事　　龔涛（中国・廊坊師範学院経済管理学院講師・経済学博士）

理　　事　　季海瑞（中国・青海師範大学経済管理学院講師・経済学博士）

理　　事　　李蹊（中国・青海師範大学経済管理学院講師・経済学博士））

理　　事　　黄晶（中国・山東財経大学外国語学院講師・経済学博士）

亜東経済国際学会

　日本事務局　〒 891-0197　　鹿児島市坂之上 8 丁目 34 番 1 号

　　　　　　　　鹿児島国際大学名誉教授　原口俊道研究室内

　　　　　　　　E mail:haraguchi@eco.iuk.ac.jp

　　　　　　　　電話・FAX　099-263-0668

　中国連絡先　電話・FAX　86-13735823074

　台湾支部　　電話・FAX　886- 2 -2633-7986

索　引

欧文索引

執筆者一覧

俞 進（中国・亜東経済国際学会首席研究員，元鹿児島国際大学大学院経済学研究
科特別講師，経済学博士）序章担当

※※原口俊道（日本・鹿児島国際大学名誉教授，亜東経済国際学会会長，中国・華東師
範大学顧問教授，博士（商学））序章，第 5 章，第 6 章担当

西嶋啓一郎（日本・日本経済大学大学院政策科学研究所教授，博士（工学））第 1
章担当

村岡敬明（日本・明治大学研究・知財戦略機構研究推進員）第 2 章，第 4 章担当

※王新然（中国・青海師範大学経済管理学院講師，博士（経済学））第 3 章担当

李 蹊（中国・青海師範大学経済管理学院講師，博士（経済学））第 5 章，第 13
章担当

趙 坤（日本・グローバル地域研究会研究員）第 6 章，第 14 章担当

七枝敏洋（日本・比治山大学短期大学部准教授）第 7 章担当

王 賽（日本・熊本学園大学大学院商学研究科博士後期課程，中国・広西師範大学
漓江学院経済与管理学院講師）第 8 章担当

黄 晶（中国・山東財経大学外国語学院講師，博士（経済学））第 9 章担当

袁 駿（日本・グローバル地域研究会研究員）第 10 章担当

康上賢淑（日本・鹿児島国際大学大学院経済学研究科博士後期課程教授，グローバ
ル地域研究会代表，博士（経済学））第 10 章担当

※孫愛淑（日本・山口大学特別研究員，中国・吉首大学商学院経済学系講師，博士（学
術））第 11 章担当

呉雄周（中国・吉首大学商学院教授，博士）第 11 章担当

潘亜楠（中国・遼寧石油化工大学講師）第 12 章担当

※國﨑 歩（日本・九州共立大学経済学部講師，博士（経済学））第 15 章担当

楊華夏（日本・グローバル地域研究会研究員）第 16 章担当

監修者紹介
原口俊道（はらぐち・としみち）
現在　鹿児島国際大学名誉教授，亜東経済国際学会会長，中国華東師範大学顧問教授，博士（商学）
著書　『動機づけ‐衛生理論の国際比較——東アジアにおける実証的研究を中心として——』（単著）同文舘出版，1995 年。
　　　『経営管理と国際経営』（単著）同文舘出版，1999 年。
　　　『東亜地区的経営管理（中文）』（単著）中国・上海人民出版社，2000 年。
　　　『アジアの経営戦略と日系企業』（単著）学文社，2007 年。
　　　『アジアの産業発展と企業経営戦略（査読制）』（編著）五絃舎，2011 年。
　　　『東アジアの産業と企業（査読制）』（編著）五絃舎，2012 年。
　　　『東アジアの社会・観光・企業（査読制）』（監修）五絃舎，2015 年。
　　　『アジアの産業と企業（査読制）』（監修）五絃舎，2017 年
　　　『東アジアの観光・消費者・企業（査読制）』（編著）五絃舎，2019 年。

編者紹介
國﨑　歩（くにさき・あゆみ）
現在　九州共立大学経済学部講師，博士（経済学）
著書　『アジアの産業発展と企業経営戦略（査読制）』（共著）五絃舎，2011 年。
　　　『東アジアの社会・観光・企業（査読制）』（共著）五絃舎，2015 年。
　　　『アジアの産業と企業（査読制）』（共著）五絃舎，2017 年。
　　　『東亜産業発展與企業管理(査読制)』(共著)台湾・崑網科技(股)出版，2017 年。
　　　『東アジアの観光・消費者・企業（査読制）』（編著）五絃舎，2019 年。

孫愛淑（そん・あいしゅく）
現在　中国吉首大学商学院経済学系講師，博士（学術）
著書　『東亜産業発展與企業管理(査読制)』(共著)台湾・崑網科技(股)出版，2017 年。
　　　『東アジアの観光・消費者・企業（査読制）』（共著）五絃舎，2019 年。

王新然（おう・しんぜん）
現在　中国青海師範大学経済管理学院講師，博士（経済学）
著書　『亜洲産業発展與企業管理（査読制）』（共著）（台湾・昱網科技股份有限公司出版），2015 年。
　　　『東亜産業発展與企業管理(査読制)』(共著)台湾・崑網科技(股)出版，2017 年。
　　　『東アジアの観光・消費者・企業（査読制）』（共著）五絃舎，2019 年。

東アジアの社会・観光・経営

亜東経済国際学会研究叢書㉒
亜東経済国際学会創立 30 周年記念論文集

2020 年 7 月 20 日　　第 1 版第 1 刷発行

監修者：原口俊道
編　者：國﨑歩・孫愛淑・王新然
発行者：長谷雅春
発行所：株式会社五絃舎
　　　　〒 173-0025　東京都板橋区熊野町 46-7-402
　　　　電話・ファックス：03-3957-5587
組版：Office Five Strings
印刷・製本：モリモト印刷
Printed in Japan　　　　ISBN978-4-86434-119-6
検印省略　ⓒ　2020